*Sionismo. Orígenes y textos fundacionales
del Estado de Israel*

ANTONIO HERMOSA ANDÚJAR

Sionismo
Orígenes y textos fundacionales del Estado de Israel

Autoemancipación y *El Estado judío*
Leo Pinsker y Theodor Herzl

Estudios preliminares, traducción y notas
de Antonio Hermosa Andújar

℘
ALMUZARA

Editorial Sekotia • Colección Pensamiento Político
Editora: Ángeles López
Correctora: Mónica Hernández
Maquetación: Miguel Andréu

www.almuzaralibros.com
pedidos@almuzaralibros.com - info@almuzaralibros.com

Editorial Almuzara
Parque Logístico de Córdoba. Ctra. Palma del Río, km 4
C/8, Nave L2, nº 3. 14005 - Córdoba

Imprime: Gráficas La Paz
ISBN: 978-84-10520-06-6
Depósito: CO-1930-2023
Hecho e impreso en España - *Made and printed in Spain*

Índice

A mis amigos israelíes.

Y a mis amigos iberoamericanos que aman ese Israel libre que tantos queremos y todos necesitamos.

SOBRE LA PRESENTE EDICIÓN

El año que viene en Jerusalén fue la autoprofecía que, tras la destrucción por los romanos del Segundo Templo, los judíos se conjuraron fervorosamente a realizar y que, diecinueve siglos después, en pleno auge del nacionalismo, el sionismo revolucionó al materializar dicha aspiración bajo la forma de Estado nacional.

En los treinta y cuatro años que van de 1862 a 1896, pasando por 1882, la imprenta dio a la luz las tres obras clave con las que el sionismo puso alas al sueño emancipador: *Roma y Jerusalén. La última cuestión de las nacionalidades; Autoemancipación* y *El Estado judío,* cuyos autores, Moses Hess, Leo Pinsker y Theodor Herzl respectivamente, son hoy universalmente proclamados los padres fundadores del sionismo, en especial el último.

El exsocialista alemán, el médico ruso y el periodista vienés nunca juntaron sus empeños, pero sí los conjuntó la conciencia de sus seguidores sumándose a un proyecto que combinaba sin apenas esfuerzo, mas no menos paradójicamente, el racionalismo ilustrado de sus protagonistas con el ideal romántico y revolucionario de un Estado nacional judío que sellara de una vez por todas la cuestión judía como una pesadilla del pasado.

Con paciencia y tenacidad sin límites, pese a los golpes con los que el destino —vale decir, la historia— se obstinaba, él también, en mostrar su oposición, el milagro fue llenándose de estructuras, la utopía tomando cuerpo, la voluntad modelando espacios, y, de pronto, el mar que separaba las dos costas del sueño empequeñeció: a golpe de decisiones que denotaban poder creciente, desde la orilla europea se divisaban ya las tierras de Palestina. ¡Lástima, como podría haber puntualizado aquí Jabotinsky, que no se advirtiera en ellas ya entonces la futura hostilidad de sus pobladores árabes, natural por cuanto ninguna nación gusta compartir territorio con advenedizos, sea cual sea su actual condición!

El sionismo fue revolucionario no sólo por la envergadura del objetivo concebido, sino, y más aún, por las fuerzas puestas a su servicio, dado que implicaba que el hombre sustituía a Dios como dueño de sí mismo, lo que de por sí laceró la supuestamente unitaria alma judía; se hizo a pesar de Dios y contra él, sin esperar a la segunda llegada del Mesías ni renunciar a rebelarse contra una culpa eterna y el castigo consiguiente, que una divinidad despiadada les propinaba por medio de terceros, los gentiles, a fin de purificarla.

Ciertamente, nunca se abjura de él, siempre se le reconoce con piadosa devoción como el *Señor* de sus vidas, una y otra vez se acude a su manto protector en busca de refugio; pero bajo semejantes subterfugios, la realidad que palpita es la de un corazón humano harto de una situación de la que la cultura judía ha suprimido la autonomía personal del devoto, o no, judío y del sufrimiento en absoluto catártico al que se ha condenado a los descendientes de las doce tribus. El *proyecto* de Estado judío con el que la teoría pretendía devolver seguridad, igualdad y libertad —palabras esas extraídas del frontispicio de la Declaración de Independencia de 1947— a los judíos, tuvo ya en su época en el judío ortodoxo a un enemigo nato del sionismo, como sus herederos, nacionalistas extremistas, lo son hoy de Israel. De todos los enemigos del nuevo Mesías político que entonces pululaban entre los mismos judíos, eran los judíos ortodoxos los que mantenían el vínculo más directo con el viejo Dios.

El ideal sionista del Estado judío sobrevivió en los deseos y la práctica de sus defensores a los atentados mortales perpetrados por tales *ateos* políticos, pero la historia ha sido más cruel que aquellos al propalar lo infundado de las esperanzas según fueron concebidas. Como compendiara Mark Heirman recordando a Arnold Mandel, Israel, el *Estado judío*, no acabó con la diáspora, pues aún hoy son más los judíos que viven fuera que allí; no brinda más seguridad a los israelíes de la que «los judíos nacionales», como los llamara Churchill, hallan en el interior de sus propias fronteras (esos judíos constituyen la materia prima del ya presente «judío internacional» con que el sionismo construiría el deseable hogar nacional judío, en contraposición con el plan ideado por el bolchevismo para ellos); ni tampoco el dios que los eligió como pueblo lo ha convertido en un espejo donde mirarse. De hecho, la política de Netanyahu, dejada correr con naturalidad, no necesita de la nación árabe en general, ni de Irán en particular —ya sea él sólo o a través de sus marionetas libanesas—, para destruir al propio Estado de

Israel: su corrupción está en el origen de esa guerra civil larvada que sacudía los cimientos de su existencia antes del reciente ataque terrorista perpetrado por Hamás (con esa conciencia tan propensa al éxtasis en circunstancias tales, la izquierda radical ha reaccionado al crimen cometiendo otro contra la humanidad al exaltar al justiciero y culpabilizar a la víctima, demostrando una vez más que, en ella, apenas queda rastro de vida inteligente y ninguna vida moral).

Nuestra edición, empero, no recoge las tres obras señaladas, pero sí reúne por vez primera las otras dos, que sepamos. Al lector hasta le cabría pensar tras su lectura que Pinsker escribió sin pretenderlo la introducción al futuro opúsculo de Herzl; se verá, pues, privado de los ungüentos filosófico-teológicos de Hess, mas dispone del núcleo teórico del sionismo, del que ambas obras son parte nuclear de su etapa fundacional.

La edición del texto de Herzl, incluido el estudio preliminar que la precede, corresponde con apenas variaciones a la publicada en Buenos Aires, Argentina, en 2005 (Editorial Prometeo). La traducción del de Pinsker apareció en *Araucaria. Revista Iberoamericana de Filosofía, Política, Humanidades y Relaciones Internacionales*, en el nº 27, correspondiente al primer semestre de 2012. El estudio preliminar que la acompaña fue escrito para el volumen *Pensadores judíos* a petición de uno de los coeditores, Rafael Herrera Guillén; los vaivenes que sacuden a buena parte del mundo editorial hoy día han llevado a la paradoja de que muy probablemente la segunda publicación del texto sea anterior a la primera.

Desearía aprovechar estas líneas para mostrar mi gratitud a Víctor Manuel Sánchez por su generosa renuncia a lo que era suyo en aras de la rápida publicación del presente volumen, y a Rafael Herrera Guillén casi por idéntica razón; a Roberto Muñoz Bolaños, por la práctica tan desprendida con la que vivifica su idea de amistad. Asimismo, a Antonio de Diego, por su mediación para que estas obras salieran de nuevo a la luz. La amistad, una vez más, se revela siempre una óptima ocasión para rememorar a Séneca.

LA CUESTIÓN JUDÍA COMO CUESTIÓN NACIONAL

Im Anfang war die Tat
(Goethe)

INTRODUCCIÓN: LA «PAZ» Y LA CUESTIÓN JUDÍA

Al iniciar su exposición sobre la cuestión judía Pinsker abraza de manera simultánea con su razonamiento dos periodos temporales diversos, el de los sucesos recién acaecidos en Rusia y el del futuro, el cirujano que extirpará el mal y la hemorragia de violencias en que se ha extrovertido. Poner fin al conflicto casi bimilenario que opone a gentiles y judíos requiere situar a los unos ante los otros como pueblos, pues sólo así, en condiciones de igualdad nacional, estar enfrente no significará estar enfrentados y los distintos no serán por fuerza enemigos; en cambio, mientras lo que se sitúe frente a las naciones gentiles sean bandadas de judíos carentes de un vínculo común, la violencia y la razón se aliarán en manos de aquellas y estas serán la materia contra la que se ejerzan.

Cuando piensa ese futuro, Pinsker no sueña con ningún *quiliasmo* a lo Kant, para quien el tiempo va destilando progreso a su paso, acercando cada vez más la realidad al sueño racional; menos aún con el de Condorcet, para quien el progreso, una vez juntados los objetos que aquel mantuviera siempre a raya si bien cada vez más próximos entre sí, como Aquiles de la tortuga, en un arrebato narcisista deja atrás el mundo conocido para centrarse en sí mismo y producir un delirio de formas insospechadas que dan por supuesto el beneficio que reportarán al género humano. Es cierto que Pinsker alude a esas regiones etéreas en las que los hombres separamos la vida del dolor o del miedo, como si el mal o la muerte fueran accidentes del camino, pero las nombra con indiferencia y las sitúa más allá de cuanto pueda conmover nuestra imaginación. Su futuro queda apenas a dos pasos del presente, por-

15

que resolver la cuestión judía no requiere ni de una paz perpetua donde reine la «armonía absoluta» entre los pueblos, ni exaltarse por medio de una creencia milenarista que transforme al pueblo judío en instrumento de salvación de la humanidad: «nuestra tarea no debe consistir en mejorar al género humano», proclama expresamente Pinsker[1]. En los designios del médico ruso el futuro queda a lo que tarde el pueblo judío en recuperar la perdida forma de nación, y la «paz» que ha de servirle de requisito es la modestamente implícita en la simple pero jurídica interrelación de los pueblos como Estados en el escenario internacional.

Mientras tanto, los pogromos acaecidos en Rusia siguen demostrando que en la situación actual la cuestión judía es irresoluble: que la integración y la asimilación en las que se ha duplicado el proceso de emancipación judía son siempre una realidad en jaque[2], dado que actos de violencia en el interior de fronteras lejanas hacen saltar por los aires procesos a los que el aumento de civilización había imprimido forma situando a gentiles y judíos a la misma distancia de la ley, esto es, abarcando a ambas razas mediante el principio de igualdad; o que para ese mismo resultado de desgarrar el manto de igualdad que los protegía del odio de su antiguo enemigo y, a la vez, de sus propios miedo y humillación, había otras vías de acceso que irrumpen en medio de la calma emancipatoria y, trocando la naturaleza del odio, es decir, sustituyendo la religión por la raza, vuelven a partir en dos la sociedad. Y si todo ello acaecía en el occidente culto y ebrio de progreso cabe imaginar qué no seguiría siendo posible en el infierno oriental, en el que la historia corría dando tumbos entre la voluntad de las élites y la superstición de las masas sin salirse de los raíles de la violencia.

Así pues, los pogromos no sólo se cebaban con saña en los judíos, a quienes sometían a mil formas de violencia —robos, asesinatos, expropiaciones—, sino que asimismo dejaban heridas de muerte las esperanzas de un futuro humanizado y a algunos de sus monumentos jurídicos, como la Proclama de Napoleón que los emancipaba de su «ignominia» histórica[3], y reducidas a polvo todas esas prestigiosas criaturas del reconocimiento social obtenido por muchos de sus vástagos tras su exitosa incorporación a lo que el propio Pinsker llamaba el mundo de los

---

1   *Autoemancipación*, p. 179 (usamos nuestra propia traducción: *Araucaria. Revista Iberoamericana de Filosofía, Política, Humanidades y Relaciones Internacionales*, 14, 27, 2012, pp. 166-187).

2   Como proceso colectivo, se entiende, lo que no afecta a los casos personales, exitosos muchos de ellos (*ibidem*).

3   Sharon R. Keller, *The Jews*, N. York, 1992, pp. 164-165.

«vivos». Sin una nación que los uniese colectivamente, otorgando a cada uno la fuerza del todo, como diría Rousseau, los judíos perpetuarían en el futuro ese paisaje de cenizas que, en cada época y lugar, ha terminado firmando lo que fue su existencia, y al que pese a su conformación milenaria no se habían terminado de habituar[4].

Ahora bien, dicha posibilidad existía teóricamente; era de hecho el espíritu de los tiempos, que en otros lugares modelaba como naciones los despojos imperiales y cuyo soplo debían aprovechar los propios judíos para infundirse vida. Había, pues, una meca hacia la que mirar para la cuestión judía, un objetivo tan necesario como dificultoso, y tan extraordinariamente sencillo de concebir, como arduo de planificar por la razón. Una emancipación plena, alejada de los confines de su historia de sufrimientos, brotaba ante los ojos de la razón en esta época convulsa, y el fantasma intelectual se poblaría de carne y sangre con sólo transformar la cuestión judía en una cuestión nacional: bastaba con dar vida al deseo antaño imposible del Estado judío, y las demás vidas que brotaban alrededor alentaban la creencia en la verosímil creación del nuevo ser.

A identificar el sujeto de tan singular aventura y precisar el quién y el qué enemigos de su trayectoria, como también su configuración final, que exigirá por su parte observar su paso por la escena internacional, dedicaremos las páginas que siguen del presente trabajo.

---

4   Pinsker era tan ingenuo como para pensar que la costumbre del odio al judío se solucionaría con un simple cambio geográfico, es decir, con la construcción de un Estado propio en un lugar sólo suyo, que sustrajera a los odiados de la vista de sus odiadores. Era más fácil de pensar que el odio sobreviviría a sus cenizas históricas, reinventándose en nuevas formas allá donde quedaran judíos fuera de su Estado, y que la nave del odio continuaría atravesando pacientemente los siglos como si, para una humanidad milenariamente enferma de judeofobia, en el fondo el judío fuera, aún más que el destinatario del mismo, una excusa para odiar. Sobre el odio aún caliente a los judíos, ya en este siglo, léanse las palabras iniciales del libro de Pierre-André Taguieff, *La nueva judeofobia*, Barcelona, Gedisa, 2003; y sobre el odio que aún quema véanse aquí algunas muestras alemanas: https://www.google.com/rch?q=Der+Spiegel%3A+antisemitismus&oq=Der +Spiegel%3A+antisemitismus&aqs=chrome..69i57.14511j1j7&sourceid =chrome&ie=UTF-8 (vista el 23/06/2021).

ANTAGONISMO NATURAL Y EMANCIPACIÓN

¿Cómo es posible reducir la historia a naturaleza? Cuando los hechos se repiten como si su movimiento se debiera a una legalidad propia, ajena incluso a quien los protagoniza libre y racionalmente; cuando pese a la variedad de sus manifestaciones trazan surcos cada vez más profundos sobre el tiempo que siguen una misma trayectoria y convergen en una misma dirección; cuando las excepciones que los desmienten no perturban la validez de las reglas y pese a los deseos de otras metas un imán los atrae hacia lo que ya fue burlándose de ellos; o, en suma, cuando los dioses renuncian a su poder sometiéndose al destino han devenido en judíos que aspiraban a asimilarse a los gentiles que les rodean, o bien a preservarse como eran separados de ellos, con la fortuna singular para quienes lo lograban en vida de no padecer el desengaño que roería su alma al comprobar que ni siquiera con ellos era posible perpetuar el milagro durante generaciones. La cuestión judía se había convertido en una cuestión natural de la historia porque, ayer como hoy, gentiles y judíos permanecían con su particular duelo en pie de guerra pese a su relación milenaria y a que la violencia fue siempre el santo y seña de la misma. O, por decirlo con otras palabras, el judío permanecía como un ser inasimilable en el interior de cada sociedad.

¿Qué consecuencias produjo en los protagonistas de la relación violencia tan contumaz y, sobre todo, sería posible romper en el futuro el mecanismo fatal bajo cuyo dominio el pueblo judío había permanecido eternamente sojuzgado por sus anfitriones?

Pinsker resume así la citada relación: «el judío es, para los vivos, un muerto; para los autóctonos, un extranjero; para los naturales, un vagabundo; para los hacendados, un mendigo; para los pobres, un explotador y un millonario; para los patriotas, un apátrida, y para todas las clases un competidor odiado»[5]. Tal es la representación más vistosa del *antagonismo natural* que la caracteriza, así como la clave que mejor resume la *judeofobia* presente en el gentil y la *cobardía* dominante en el judío[6]; esa cobardía que otorgara legitimidad moral a la humillación en su conciencia en el pasado, y en el presente obstaculiza el final de semejante ignominia al boicotear la formación de un Estado propio.

---

5   P. 173. El judío, pues, constituye la antítesis perfecta de cualquier secta social gentil, la demostración palpable de que realmente no se le odia por muerto, por extranjero, vagabundo, mendigo, etc., sino por algo previo y más elemental: por el simple hecho de ser judío.

6   Pp. 169 y 179.

A situación tan desigual se ha llegado tras la disolución del Estado judío por Roma, que dejó a sus habitantes en una especie de estado de naturaleza *sui generis*, y su perpetuación en el tiempo, que de manera automática comenzó a transformar su percepción por los demás en visiones espectrales, con su consiguiente repercusión sobre la naturaleza humana, en forma de miedo primero y odio después. La *judeofobia* había nacido y, dado el caldo de cultivo en que lo hizo, parecía consolidada antes de nacer, forjando sin demasiado esfuerzo un imperio en la psique de numerosos pueblos de la tierra. Al poco, y luego de su mezcla con otros pobladores de la mente humana, en lo esencial irracionales, la humanidad se descubrió con un *a priori* de odio, inducido antes de aprender la causa, y el judío era a su pesar el punto de transformación de la cultura en naturaleza. La judeofobia terminaba siendo, como resume Pinsker, una psicosis universal, «hereditaria» y, tras dos milenios de herencia, «incurable».

En efecto, la relación compendiada por Pinsker tenía de peculiar que, en un extremo se hallaba el conjunto de los judíos y en el otro los pueblos gentiles, esto es: las otras naciones del mundo. Como allí donde haya humanos los espectros se acompañan de temor y el temor se relame en odio, una especie nueva del mismo, un *odio abstracto*, trágico cabría decir al consistir su particularidad suprema en culpar a la especie de los hechos de cada individuo, brotó al unísono en el corazón colectivo de la nación gentil, un fenómeno nuevo que se fue aclimatando sin dificultad a los diferentes suelos y arraigando con idéntica fuerza en los diversos pueblos pese al acervo de diferencias que los alejaban entre sí: el judío los unificaba todos en el odio al judío. ¡Un galardón ni siquiera al alcance de los mayores imperios, que tanto parecen suspirar por él! Y así, por doquier se les acusó de haber crucificado a Jesús o emborracharse de sangre cristiana, de estafar mediante la usura a necesitados inocentes, explotar a campesinos menesterosos o envenenar pozos: delitos todos fácilmente desmentidos por quienes mantenían asiduo contacto con ellos o incluso por el sentido común cuando lograba desprenderse de la perversidad que lo asediaba, pero que habitualmente sí corrompían la sangre de los *naturales* y mantenían en alerta su odio, la sola planta del corazón gentil, decimos, junto a su progenitor, el miedo, en disfrutar de una eterna primavera.

Ahora bien, Pinsker sabía de la complejidad de la condición humana, de ahí que detectara con facilidad que las cosas no serían sencillas, tampoco para los beneficiarios de la desigual relación, esto es, para los opresores. Ya la casualidad unidireccional[7] y casi mecánica del binomio temor/odio resulta en sí misma explosiva para tantas criaturas que se mueven habitualmente en el pecho humano (potenciando unas, enmascarando otras, etc.), pero no se trata sólo de eso; el fantasma judío que inicia el proceso del odio puede percibirse todo lo espectralmente que se quiera, pero los gentiles lo encuentran ante sí y ven a un igual, esto es, a un ser humano como ellos, como les recuerda Shylock, dotado de carne y sangre, de sentimientos, pasiones, racionalidad, libertad, etc.: otro ser humano más. Y ante dicho igual su reacción no es la de iguales, sino la del poderoso con el débil, la del halcón con el ruiseñor, sobre la que tan pertinentemente nos ilustrara Hesíodo, y la conciencia de culpa de sociedades de tradición cristiana no tarda en estallar dejando una estela de heridas en su propia conciencia que ni el tiempo, ni sus principios religiosos o morales, ni las abundantes excepciones traídas por la emancipación logran cicatrizar. Y tan grave escisión moral no favorece precisamente la inocencia ni la quietud de alma o de brazos de quienes hacen restallar el látigo en espaldas ajenas.

La visión del espectro, además, sigue procazmente ahí, recordándoles que semejante inferioridad no se puede ni solucionar ni perdonar. Y si el arrepentimiento fracasa a la hora de dar la salida de la misión exculpatoria, al punto de confinar el perdón en el rincón de individuos singulares, sin acceder nunca al corazón del conjunto de la sociedad, el modo más vulgar de escapar del propio círculo de fuego que la tortura interiormente les inflige consistirá por lo general en la intensificación del odio, por lo que algún día, ante la enésima manifestación de una crisis sempiterna, uno de sus vástagos demostrará que los judíos asesinan inocentes y otro que la raza judía es naturalmente inferior a la de las demás, emulando en parte el razonamiento de Aristóteles sobre la relación de esclavos y libres. Y la masacre sucederá a las palabras, unas veces quemando a la bruja judía, sea en sus personas o en sus posesiones, y otras en forma de pogromos en los que la bestia humana desnuda, también por enésima vez, la genuina brutal materia de que está compuesta[8].

Los judíos, por su parte, reaccionan diversamente ante las acciones de sus enemigos. La dispersión por el mundo, la *diáspora*, produjo su división, lo que conllevó menor uniformidad en sus respuestas que en

---

7   A decir verdad, bidireccional, puesto que también el odio puede generar miedo, pero Pinsker sólo la contempla unilateralmente y en la dirección señalada.

8   P. 169. Por lo demás, no son esas las únicas formas de comportamiento con que la opresión gentil sofoca al judaísmo, pero sobre eso volveremos después.

el caso rival, pese a la heterogeneidad cultural del mismo. No obstante, Pinsker reconoce que el hecho de pertenecer a un pueblo sin Estado constituye un «imborrable estigma» que produce aversión en los no judíos y dolor entre ellos, y algo mucho peor. Pues lejos de sacrificarse como pueblo, una vez perdido el primer y más poderoso símbolo material del mismo, su unidad política en un Estado, recurrieron a una *unidad espiritual* que, al menos en su conciencia, representaba su perdurabilidad en el tiempo y su voluntad de recuperar su prístina condición de pueblo elegido, fiando al futuro el advenimiento de un Mesías que reuniera todos los fragmentos dispersos del cuerpo roto y los recompusiera en una nueva realidad en grado de devolverlo al trono ante cuyos pies se postrarían los demás pueblos del mundo. Visión mayestática de sí mismo que pronto otros judíos menos urgidos por el tábano de la ortodoxia reemplazaron por la de ocupar un lugar autónomo en ese mundo y relacionarse con sus homólogos en pie de igualdad, visión que el sionismo, con Pinsker y Herzl entre sus guías espirituales más preclaros y reconocidos, acabó imponiendo entre muchos de ellos[9].

Empero, el precio de querer sobrevivir en determinadas condiciones —se ha visto— es alto, y cuando los judíos deciden sobrevivir por encima de todo, es decir, a cualquier precio, ya se han autoilustrado de que ese solo hecho supone una hibernación de la moral hasta nueva orden, y cabe imaginar entonces que la humildad con la que se resignan ante los castigos o la paciencia con la que esperan persuadir a sus verdugos de su injusticia, rebaje el costo psicológico y ético de su humillación. Los judíos, de hecho, no protestan ni se amotinan cuando se les «maltrata, roba, saquea o ultraja» o se les «abofetea», ni se rebelan cuando se los «expulsa de la casa» que construyeron, y hasta gozan con la autocompasión que les provoca la eventual compasión ajena ante sus males: han asumido hasta tal punto el ser carne de cañón que se sienten legítimos culpables del castigo recibido. Mas ese precio —su autohumillación— que pagan gustosos, reverbera en los gentiles en forma de desprecio ante el homenaje que rinde a la indignidad moral. Sobrevivir a toda costa, a cualquier coste, los llevó pues a convertirse en el «pueblo que... se dejó pisotear» hasta el extremo de aprender «a besar los pies

---

9   Un apretado pero clarificador resumen de las migraciones judías bajo guía sionista puede leerse en el cap. II (Sionismo y migración, 1881-1918) del libro de Mario Sznajder *Historia mínima de Israel*; Madrid/México, Turner/El Colegio de México, 2017, pp. 33-49. Sobre el proceso en general, las conocidas obras de Walter Laqueur o Amnon Rubinstein, entre otras, dan una imagen cabal del mismo.

que lo pisotean», el alambique humano de destinos encontrados, en el que el ingente heroísmo que les exigió la vida por defenderla hasta la muerte, destilaba pura cobardía moral como principio de su acción. Un heroísmo de esclavos, insistimos, que disgusta incluso a los enemigos.

Una primera conclusión de cuanto llevamos expuesto hasta aquí da fe de una relación desigual, enfermiza y violenta, en la que cada parte arde en el infierno de su propia culpa por haber experimentado sentimientos naturales, si bien la situación de las mismas en el tablero, cultural, social y político, no puede ser más antagónica, por cuanto en el juego agónico de la vida los gentiles usaron a los judíos como un *balón* que se pasaban unos a otros sin más afán que el de divertirse al mostrar su superioridad. Divertirse humillando. De ahí precisamente la *crueldad* del juego desde la óptica judía, reforzada ante la constatación del intento de humillación permanente puesto en órbita por la parte adversa, empeñada a toda costa en cancelar o rebajar la autoestima de los judíos con su cruzada por mantenerlos en esa forma infantil de (in)existencia que es la existencia no estatal: esa que aún hoy muchos judíos rechazan, abanderados por el falaz gremio de *patriotas fanáticos*, genuinos caballos de Troya de las aspiraciones de otros muchos a la plena emancipación[10].

Aquí formula Pinsker su interrogante radical: «En esas circunstancias, ¿cómo podría llegar a plantearse el discurso de una autodeterminación nacional, de un desarrollo libre y activo de nuestra energía nacional o de nuestro genio primitivo?»[11].

La judeofobia proverbial, la perenne escenificación del ritual de humillación contra el menor reverdecimiento de la autoestima judía, el desprecio al bufón que considera una gracia haber sido objeto de escarnio han cosechado los frutos prometidos en sus semillas y hoy «el infortunio de los judíos se funda ante todo en que no sienten la necesidad de alcanzar la independencia nacional»[12]; con todo, Pinsker no decae en su fe laica en el dios del progreso, que para él, según hemos dicho y repetido, toma la forma de Estado, la única en grado de acoger a la totalidad de los judíos y procurarles la emancipación. De ahí su retórica admonición a los gentiles: no es el genio lo que nos falta para vivir como hombres libres, sino la confianza en nosotros mismos, en nuestra dignidad de seres humanos, que nos habéis robado.

---

10 Para todo esto, cf. Pinsker, *op. cit.*, pp. 168-175.
11 P. 174.
12 P. 168.

Ahora bien, cuando se sigue el rastro del razonamiento del judío ruso nos topamos con otros obstáculos de naturaleza bien diversa y que no provienen del campo enemigo, sino del propio. Recordemos a esos recién nombrados *patriotas fanáticos*, que se oponen con todas sus fuerzas a abandonar los caminos trillados de la historia que hasta el presente no han conducido a ninguna parte cuando se les observa desde el punto de vista de la ansiada emancipación. Son ellos quienes no dejan a los judíos «vivir una vida como nación, par a la de los demás pueblos», porque creen ciegamente en el cuento de la integración o de la asimilación, sin contar en nada la burla o el desprecio que sus ensoñaciones generan en las comunidades de referencia. Son judíos que no han aprendido nada de la historia los que conforman, pues, barreras contra el natural discurrir del pueblo judío hacia su otrora mesiánica libertad, pero que hoy el espíritu de los tiempos ha privado de la pátina de trascendencia que la inhabilita como vía de liberación nacional.

Y si ellos constituyen el *quién* judío enemigo de la emancipación judía, no por ello configuran el único obstáculo hacia la meta del progreso, y probablemente ni siquiera el principal: hay un *qué* judío del que es menester liberarse si no se quiere perecer no ya en el intento de llegar a ella, sino precisamente por no permitir el intento.

He aquí al enemigo interior: «Y luego está la fe en el Mesías, la creencia en la intervención de un poder sobrenatural favorable a nuestra resurrección política, más el supuesto religioso de que teníamos que soportar con paciencia los castigos que Dios nos enviara, todo lo cual nos ha llevado a descuidar nuestra liberación nacional, nuestra unidad e independencia»[13].

Como puede apreciarse, el párrafo es breve pero su contenido es apocalíptico contra la propia cultura judía, eminentemente religiosa y que, justo por ello, condena a sus fieles ya en el más acá. Por de pronto, se trata de una cultura que penaliza el esfuerzo humano, la acción humana, vale decir, al hombre, como medio de autoliberarse. En su lugar pone, mejor dicho, impone, a un sustituto trascendente del que un día será beneficiario político, si bien cuando el señor lo decida. Mientras tanto, al espectro trascendente le va bien que sus crédulos, como quienes no lo son, experimenten las vicisitudes aludidas inmovilizados por una esperanza que les atenaza al *statu quo*. Que el sufrimiento, la desesperación, la humillación, la burla y el desprecio ajenos, etc., torturen con el dolor o la esperanza la vida del judío común es algo

---

13 P. 176.

que este debe llevar con resignación: a fin de cuentas, y como enseña la segunda frase del párrafo citado, se trata de un castigo divino frente al cual, y pese a ser *sine die*, no cabe apelación. Se manifiesta aquí, por tanto, que el arco de penalidades anteriormente aludidos saca a la luz el fatalismo enmascarado presente en la idea de un Mesías redentor que un mañana indefinido hará el trabajo humano, dado que ambas causas confluyen en el mismo efecto: expulsar al hombre judío del paraíso de su liberación obtenida mediante su propio esfuerzo[14].

Ello revela a su vez que, en la cultura judía, aun cuando los fines divinos y los humanos puedan llegar a coincidir en algún rasgo, como la emancipación del pueblo judío, este será formal, pues se trata de una cultura en la que la divinidad satisface su crueldad con la condena de la totalidad del pueblo judío a una vida errática y a un dolor indefinido, y con semejante medio no se accede al fin propuesto por Pinsker u otros como él: el de construir un edificio terrenal para los judíos, sea en su lugar de origen o no[15], donde hallar la seguridad que requieren implique simplemente vivir entre hombres que nunca más puedan jugar al balón con ellos. Pinsker, pues, libera a la cultura judía y a su destinatario *maldito* de la fe en la esperanza, desenmascarada ahora como el instrumento mediante el cual la superstición religiosa —incluida la entera pléyade de sus funcionarios— legitimaba el inframundo de la historia de los judíos; y, con él, el sionismo, al liberar al pueblo judío de ser esclavo de sus hechos por mor de sus creencias establece una cesura fáctica y normativa entre el pasado y el futuro judíos[16].

Así pues, la cultura religiosa judía escondía el huevo de la serpiente en su regazo, dado que los medios y los fines de los gentiles respecto del pueblo judío se superponían con los de su Dios, o al menos guardan entre sí unas afinidades electivas peligrosas para aquel. *Grosso modo* cabría decir que el fin de los gentiles de someter al pueblo judío, así como el conjunto de medios de que se sirven, constituyen el medio con el que aquel castiga a sus propios creyentes[17]; ironía divina, sin duda, que por sí sola habría cancelado toda participación foránea en la cues-

---

14 Cf. Nora Levin, *Jewish Socialist movement. While Messiah tarried*, London-Henley, Routledge & Kegan Paul, 1977, pp. 46 s.

15 Con los que no le fue particularmente bien, según cabe imaginar (véase Pedro J. Cobo Pulido, *El origen del Estado de Israel. Biografía de Theodor Herlz*, Madrid, Plaza y Valdés, 2012, p. 183).

16 Lo hace, pero con forzada delicadeza, ya que la religión no queda expulsada de la futura comunidad, a la que se llegará cargando con «la idea de Dios y la Biblia» (p. 180).

17 Por creerle, habría que decir para terminar de explicar la mentada ironía.

tión judía... de haber podido existir una *cuestión judía* sin participación foránea. Lo malo es que su Dios, que se pintaba y se bastaba solo para dar su *merecido* a sus creyentes, hubo de echar mano de los gentiles en su redentora tarea, pues de lo contrario quién sabe dónde hubiera ido a buscar las marionetas con las que escenificar sus castigos. ¡Ironías de la historia, ciertamente! No está, en suma, entre los dioses a quien el médico alude cuando, a causa de su carencia de humanidad, recrimina a sus vecinos trogloditas diciéndoles: «je croirois offenser les Dieux, qui vous punissent, si je m'opposois à la Justice de leur colère»[18].

Esa cultura judía que santificaba la esperanza escondía empero una sorpresa cuya faz trágica asomaría más tarde, una vez satisfecho por la historia el proyecto sionista de dar a luz un Estado judío; y es que esa esperanza fue rescatada en el interior del Mesías laico, que por sí mismo debería haber sido suficiente contra el Mesías trascendente, que dejó vivaquear semejante delirio entre sus propios muros y protegió su espíritu y su letra, y con ella a sus santones, como si del máximo derecho fundamental se tratara, otorgándoles además privilegios inauditos —el monopolio de la educación, por ejemplo, la mejor arcilla para moldear el futuro y sus hombres— que habría pagado muy caro, al precio quizá de su propia existencia, de no ser porque el conjunto de medios —media incluidos— con los que la sociedad global urde su propia supervivencia desempeñan igualmente un rol educativo que contrapesa fácilmente la leyenda de servidumbre propagada por todas las ideologías, religiosas o laicas, ideadas con el fin de privar al alma de ser Fausto y anhelar venderse al Mefistófeles de la autonomía personal o de la libertad común.

---

18   Cf. Montesquieu, *Lettres Persanes*, Paris, Gallimard, 1973, L. XI. Cuando de la ira decae la justicia, aquella deviene en una forma de venganza que ya no distingue entre culpables o inocentes ni se esfuerza por adecuar la pena al delito, sin contar con que delega su ejecución a desconocidos: es difícil de imaginar una ira más atroz en la relación de una deidad con su pueblo que esta, en la que, por medio de los gentiles, el propio dios de los judíos los atormenta por el solo hecho de ser judíos. (De hecho, en el caso de los trogloditas, Montesquieu pasa —casi cómicamente, cabría añadir [sobre todo si se lee la carta XIII]— con un simple cambio de carta del pueblo más cruel imaginable a la utopía troglodita gracias al poder de la virtud: carta XII).

EL ESTADO JUDÍO Y LA CUESTIÓN NACIONAL: HACIA UN ESTADO JUDÍO

En la cuestión de la emancipación, el sionismo de Pinsker ha evidenciado que la cultura judía tradicional formaba parte del problema y no de la solución. Una divinidad que comparte fines con sus opresores es tan opresora como ellos, y si algo demuestra en sus medios es, cuando menos, que la idea que se ha hecho de sus desprotegidos títeres resulta sobremanera parcial e incorrecta. Que todo mal sufrido sea bienvenido como castigo sólo prueba que su sumo hacedor tuvo un mal día al fabricarlos, pues muy buenos no deberían ser; y si les piensa mandar a otro de su especie para salvarlos es que desconfía plenamente de su racionalidad y libertad como instrumentos de mejora del *statu quo*, por lo cual habrá que preguntarse qué tipo de materiales ha ensamblado al hacer el juguete e incluso si no lo habrá comprado ya hecho a la serpiente del jardín de casa.

El sionismo, prescindiendo de tan rancias historias, devuelve al judío su ser humano y por tanto a su prístina condición prometeica, aquella que al observar los *Grundzüge* de la época, por decirlo con palabras de un adversario, constata de un lado los nuevos males apareados a la más reciente forma de ser del odio contra su pueblo —el antisemitismo— y sus originales formas de realizarse —los pogromos—; y, de otro, cómo la época actual le brinda *l'occasione* de emular a un Ciro, por ejemplo, al emular a Moisés, ya que no se dispone de rastro alguno sobre algún *enchufe* con el más allá[19]. Es la novedad de los acontecimientos que la definen lo que la consagra como *atea*, es decir, lo que permite al judío, que quiere la emancipación de su pueblo, recuperar la autoestima personal y la autoconfianza colectiva que los gentiles le arrebataran —un saqueo bendecido y legitimado por su propio

---

19   El guía por antonomasia de los judíos aparece dos veces en el texto de Pinsker, y esa epifanía no deja de ser ambivalente: en la primera, como alegoría de la eterna situación errabunda del pueblo judío, que se extiende por la propia época; pero esa melancolía que abate el alma ante su forzada ausencia no quita para que dicho pueblo busque "una Tierra Prometida por conquistar mediante su propio valor" (p. 180); en la segunda, al contrario, impulsado ya por la "clara conciencia de lo que nos es menester", y decidido a llevarlo a cabo gracias a ese "propio valor" antes señalado, es el pueblo judío quien ha dejado al mismísimo Moisés fuera de la nueva Canaán, y su invocación es apenas un brindis al sol que disuelve de golpe la melancolía y su símbolo. Ahora, en esta encrucijada de la historia, merced a su conciencia, su decisión y su valor el pueblo judío se ha autoerigido como el profeta de sí mismo (p. 182).

Dios—; lo que mediante los principios que la inspiran indujo al pueblo judío a expulsar de su futuro el conformismo cainita de la esperanza y el autoflagelo de la resignación; lo que mediante los ejemplos de otros parias que ahora aborrecen de su pasado constituyéndose en naciones se han decidido a aprender en esos espejos cómo desprenderse de una parte del suyo instituyendo su propio Estado. La época actual ha hecho del judío un hombre nuevo: un griego o un romano que ha aprendido dónde reside su gloria y que está dispuesto a conquistarla, a acceder a su cielo en la tierra mediante la acción.

Hasta aquí, pues, el judío ha aprendido cuál es la meca a la que quiere llegar y que él será quien se haga llegar; ha aprendido, en suma, cuál es la forma de su emancipación y quién es el sujeto de la misma: que esta sólo puede ser autoemancipación porque no puede fiar la obtención de su libertad y seguridad a terceros, ni puede seguir siendo lo que fue hasta ayer, cuando su cultura y el Dios de la misma le habían destinado al papel de víctima. Autoemancipación, por tanto, es decir: emancipación de los gentiles y de sí mismo, de lo que generalmente se le había impuesto por la fuerza y de lo que había creído su verdad.

Y en este punto, ¿qué hacer? O lo que es igual, ¿cómo evitar que al renombrar las cosas el nuevo mundo salte de la época actual, del *siglo*, al milenio?

La claridad de ideas respecto del fin a obtener y la necesidad de llegar a él son otras tantas armas a disposición del milenio para ensimismar con sus cantos de sirena a quienes aún se desangran por históricas heridas y suspiran por cerrarlas para siempre: el espejismo de la necesidad se basta por sí mismo para confundir la voluntad de las masas aspirantes al cambio y reemplazar en la razón una realidad humana, con sus obligadas luces y sombras, por un paisaje idílico poblado por sueños. Empero, nada de ello tiene lugar en el proyecto ideado por Pinsker para instaurar el futuro judío.

En efecto, al adentrarnos en él descubrimos un esmerado ejercicio de racionalidad instrumental en el que capas de medios se engranan entre sí en pos del fin, en el que se aprovechan las instituciones existentes como medios de la acción social, se subdivide al sujeto histórico del cambio en función de sus niveles de subsistencia, fijándose medidas especiales para hacerles más llevadera su situación a los gobernados por los diversos sistemas de penuria, se actúa en diversos frentes simultáneamente, se fija un calendario de actividades y se gradúan sus fases, se apela a la ambivalencia de los fenómenos humanos al objeto de explotar el yacimientos de posibles beneficios que ofrecen al plan de construcción de un nuevo futuro, se recuerdan los peligros con los que la memoria y las creencias podrían sin esfuerzo dinamitarlo a fin de limpiar los límites del objetivo de las excrecencias históricas que rápidamente adquiere al pasar por el corazón de sus beneficiarios, se convoca a esa maestra innata del hombre, la experiencia, para que con sus lecciones, tanto positivas como negativas, ilustre la razón de los peregrinos e ilumine su camino, etc.

Incluso cuando, tras observar atentamente ese mapa, se detectan los elocuentes silencios que lo lastran, como el de las instituciones estatales que ordenarán la vida en el nuevo mundo, cuesta demasiado trabajo percibir en esa ausencia una impericia del autor debida quizá a la presión de la urgencia; se trata más bien, creemos, de una muestra más de esa racionalidad que preside el conjunto del proyecto, y que ha preferido esforzarse por volver productivas las tierras intelectuales que separan el ahora de su mañana para la realización de plan tan *modesto* como excepcionalmente *complejo* antes de plantearse siquiera el sacar a la luz las líneas maestras del mismo: entre otras razones —y esto vale como indicio de prudencia—, porque «establecer instituciones nuevas», el momento crucial por antonomasia en la vida de un pueblo al decir de Maquiavelo en el capítulo sexto de *El Príncipe*, requiere de un contexto integrado por un número no menor de factores y sujetos aún imposible de determinar.

Lo dicho hasta aquí demuestra sin paliativos que si algo hay de utópico en el proyecto de Pinsker poco tiene que ver con las utopías clásicas, de Hesíodo a Fourier o Godwin, salvo en la audacia del mismo, y no es un hecho menor —lo dijimos en su día respecto de Herzl—, el que concentraran una parte primordial de su atención en el paso del antiguo orden de cosas al nuevo, lo que en absoluto interrumpe el flujo natural del tiempo, algo connatural al utopismo clásico, tanto en su versión teórica como en su versión práctica: esas formas *sui generis* de utopía que son las revoluciones, en cuyo objetivo prima el cambiar el individuo al tiempo que cambian la sociedad. Observamos en su lugar esa racionalidad instrumental aludida y el realismo que permanentemente le acompaña en cada uno de los dogmas con los que pretende llevar a cabo su transformación social: es realismo, valgan ambos ejemplos, el partir de lo que es en cuanto medio de acceso a la nueva forma de ser o el tener en cuenta a los extranjeros en la realización del proyecto, y en su ambivalencia esencial, además; esto es, cuando se exhorta a la dirigencia del mismo a buscar apoyo para su nueva vida entre quienes les odian por el pasado y cuando explota dicho odio en beneficio propio, recordando irónicamente que «nuestros *amigos* nos verían partir con el mismo placer con el que nosotros les daríamos la espalda»[20].

¿Cómo se articula el proyecto emancipador? Antes de botar las naves al mar cargadas de pasajeros con los ojos rezumando sentimientos encontrados, los ingenieros del mismo han debido aprender de sus numerosas experiencias: de las pasadas que demuestran que si hay aún hoy, casi dos milenios después, cuestión judía es porque los judíos han querido sobrevivirse a sus desgracias, pero no han podido hacerlo asimilándose a los naturales de los muchos países del mundo por donde la diáspora los ha ido esparciendo, sea porque no han querido o, sea sobre todo porque no han podido (a excepción del comparativamente menor número de quienes, en ciertas épocas y en determinados lugares, sí lograron llevar a cabo su ideal emancipatorio integrándose en los pueblos en que vivían). Y de las experiencias aún calientes, en Rusia pero no sólo allí, que apuntalan el secreto feroz de la cuestión judía: el ser un mal endémico de la humanidad sin posibilidad de solución.

Percibirán así enseñanzas que flotan en el aire: que los judíos carecen por doquier de *casa propia*, cómo el látigo de la insolidaridad lo han descargado ellos mismos sobre las espaldas de sus correligionarios sin mucha conmiseración, es decir, que a pesar de su fuerza y su respaldo, el ideal de la fraternidad ha caído hecho añicos a menudo o, si se prefiere, que al judío no le basta con ser judío para forjar una confraternidad natural con otro, mientras, salvo excepciones, al gentil le basta con no ser judío para ver en él a un enemigo real o potencial; cuánto ha dañado la falta de previsión, de cálculo y de unidad[21] los anteriores intentos de realizar el proyecto emancipatorio, al igual que el lastre de los fantasmas del pasado, como vincular judío con Palestina como si la historia sólo supiera ser del mismo modo siempre, es decir, se transformara también aquí en naturaleza, etc.

Cuando la mente las procese no le será difícil deducir verdades que instrumentalizar en la aplicación del proyecto, como la necesidad de colaboración recíproca entre los judíos a pesar de los repetidos conflictos culturales, históricos y geográficos que segmentan su aparente cuerpo unitario, o bien la importancia de periodizar la salida del pueblo hacia su futuro. Mas también cuán fértil es para la esperanza racional el poder contar antes de emprender el viaje la posibilidad de varios destinos, aun cuando una vez decidido todos los inmigrantes deban

---

20   P. 186.
21   P. 183 y pp. 185 s.

confluir allí; que el pasado no debe determinar el futuro, que el origen no deba ser destino, es algo que también Herzl considerará en principio prioritario en su epopeya sionista, si bien al final cederá frente al totalitarismo de la ortodoxia y considerará como obligado lo que Pinsker sólo celebra como oportunidad, decantándose por opciones pragmáticas por pueblos situados en las antípodas geográficas o culturales: Estados Unidos o Turquía[22]. Y no sólo: en el escaparate de la época moderna, según hemos dicho, los ingenieros del proyecto percibirán igualmente la fuerza de la razón a la hora de detectar lo nuevo en una historia que se repite, y aprender así de la experiencia a utilizar el doble poder que la historia, como si de un brujo se tratara, ha puesto en sus manos: el de comprender que lo imposible ayer siempre deviene posible hoy y el de saber esperar al momento oportuno para activarlo. El mundo moderno, con su nueva razón, su dominio sobre la naturaleza, su crítica a la superstición, su normatividad refundida, otorga un poder celestial al hombre del que el propio pueblo es en buena parte depositario o beneficiario, y decide invertirlo en un futuro mejor para él y sus herederos.

Lo primero, por tanto, antes de iniciar el viaje emancipador es fijar el destino. Hay tres opciones para el mismo, pero elegida una, las otras dos deberán volver a la misma nada de la que no salieron las no tenidas antes en consideración. Decisión tan trascendental debe incumbir a las autoridades del proyecto, esto es, o a las «sociedades ya existentes», bien que metamorfoseadas lo bastante como para convocar un «Congreso Nacional del que serán su núcleo» o bien, si sus actividades impiden la trascendental transformación requerida, para «constituir a partir de sí mismas un Instituto Nacional especial, digamos un Directorio» que represente la unidad de la que carece el pueblo judío y a que mediante su acción empiece a dar forma.

Esa aristocratización del proceso de construcción nacional, que ha de cancelar la cuestión judía de todos los registros del presente, dejando sólo el residuo de su memoria histórica, se perpetúa en la composición

---

22 Pinsker no rechaza sin más la opción Siria / Palestina (p. 180 y p. 186), pero sí señala que la decisión que la elija debe comprometerse a convertir con el tiempo su tierra en la de «un país fértil». Y puesto que hemos aludido a Herzl, permítasenos remitir al estudio que más abajo precede su texto, titulado *Modernidad y Mesianismo en la idea sionista de Theodor Herzl*, pues en cierto sentido el actual sobre Pinsker no es sino una costilla sacada con antelación de aquel, pese a los casi veinte años que separan la redacción de uno y otro; de ahí que, para un tratamiento más amplio de la mayoría de los problemas aquí tratados, aconsejemos la lectura del precedente.

del Instituto, ya que sólo «nuestras mayores y mejores fuerzas»[23] lo integrarán y pilotarán la nave durante el trayecto. Añadamos que Pinsker no pierde un instante en poner bajo su foco al supuesto cuerpo electoral, por lo tanto, tampoco a los poderes que lo confirman, y lo mismo ocurre con cualquier otro tipo de organismos que las instituciones crean y explican en su alcance y contenido. Ni poder constituyente ni poder constituido: no hay Estado ni sujeto del Estado por ahora fuera de los poderes fácticos autoconstituidos o de los que al amparo de su voluntad deben constituirse, sino tan solo ese aristocrático fantasma normativo que fía a la voluntad de los «mejores» —sin definir tampoco en qué y por qué, sin especificar sus competencias ni sus límites— que rueda por la historia, incluida la de las ideas políticas, como ancla de salvación en las situaciones críticas o de guía político-espiritual en las normales, cuando no hay una constitución que ordene y resguarde el todo social bajo un específico techo político.

Ahora bien, no por ello —y protegido por la idea, o mejor, creencia, antedicha— los (aún no) ciudadanos judíos pueden cuestionar la legitimidad o desobedecer la autoridad de tales instituciones, y no por ello estas dejan de ser el improvisado poder constituyente que el ideal inspira a la realidad actual para concretar su epifanía. Un poder que, como cabe intuir, tomará decisiones absolutamente condicionantes del futuro del pueblo judío, lo que de suyo supone una coacción a la obediencia y condiciona la reacción del mismo ante él: la conciencia de cada futuro *ciudadano*, si finalmente los hay, debe orientar su acción más a fundirse en la de los demás en aras de la creación del bien común, y a fortalecerse en la idea antes señalada de que no surgirá proyecto alguno, ni aun aguijoneado por el tábano de la necesidad, donde la solidaridad y la mutua ayuda sean puestas en cuestión durante el periodo fundacional... el único en el que se detiene Pinsker.

Entre las decisiones fundamentales de ese poder preconstituyente se cuentan no sólo la citada, básica, de la localización de la tierra-sede del pueblo que quiere volver a la historia como sujeto unitario y libre, igual por tanto a los que ya la pueblan, sino otras tan primordiales como la planificación de los viajes en los que aquel tomará posesión simbólica de su destino material, la subdivisión del territorio en parcelas agrícolas, de construcción e industriales, el reparto del suelo habitable, las ayudas económicas a los más pobres y la gestión financiera del proyecto entero.

---

23   «Hombres de finanzas, de ciencia, de acción, políticos y publicistas», precisa Pinsker (p. 182).

En otras palabras: decisiones que afectan al establecimiento de determinadas condiciones previas a la instauración de un Estado Judío[24].

EPÍLOGO: ESTADO JUDÍO Y FUTURO

El Estado judío era para Pinsker el futuro del pueblo judío autoemancipado, pero ¿cuál será el futuro del Estado judío? En apariencia, la cuestión no deja de ser intempestiva, dado que el futuro de una criatura pende entre otros factores de su constitución interna y, del Estado judío, sabemos poco o nada. No obstante, si lo confrontamos con el espejo invertido de su pasado actual, el territorio de la cuestión judía, quizá obtengamos algún tipo de información relevante, incluso la de si se trata o no de un espejo cóncavo que nos devuelva una esperpéntica imagen del mismo.

Para empezar, su instauración, ¿pone realmente punto y final a la cuestión judía? Si nos limitamos a la presión de los gentiles y su condicionamiento de la vida cotidiana del usurpador que habita casi clandestinamente entre ellos, difícilmente dejaremos de percibir un espléndido arco iris tras el paso de la tormenta. Sólo que quizá estemos, incluso ahí, confundiendo nuestros deseos y la realidad, porque de hecho ello supondría aislar el comportamiento gentil del odio que lo mueve (sí cabe en cambio aislarlo plenamente del temor que promueve dicho odio). ¿Desaparece tan fácilmente la psicosis, esa enfermedad brutal, inasequible al desaliento en tanto socialmente hereditaria, es decir: desaparece el odio del corazón del gentil al desaparecer el judío de su vista? ¿No promoverá más bien una metástasis en la psique humana hasta convertirse en una especie de *causa sui* que graciosamente la fuerce a navegar a toda vela en el proceloso mar de tanta enfermiza conciencia? No queremos especular, pero si juzgamos por los delirios que aún hoy despierta el antisemitismo, a casi 75 años de la fundación del Estado de Israel, lo que se percibe es que el odio sigue tan vivo como siempre y más que nunca ante la felicidad que produce el desdoblamiento de su objeto en las conciencias enfermas de sus enemigos naturales: obsérvese si no la deforme criatura producida por el connubio entre izquierda e islamismo radicales, generada por dos visiones del mundo en apariencia antagónicas, aunque vitalmente vinculadas por su común odio, desple-

---

24   Que, sociológicamente, puede adquirir una doble forma: un Estado con amplia mayoría judía o un Estado solo judío (cf. pp. 184 s).

gado por separado, al judío y a la democracia. Es decir: antaño el odio se cebaba en judíos a título personal; hoy lo hace sobre el blanco de ayer al que ha yuxtapuesto el Estado judío real: Israel[25].

Había otro sujeto decisivo en la cuestión judía: el Dios propio de los judíos, el enemigo con el que tantos de ellos se topaban, obstaculizando el camino hacia su emancipación. De dos modos, además, gracias a su peculiar cultura: en el primero aparecía con su espada de fuego castigando... a su propio pueblo mediante sus enemigos: hacía suyos, esto es, legitimaba, los castigos con los que los gentiles los sacrificaban y humillaban, exigiéndoles al tiempo resignación mientras los padecían. Si quería enseñar o perdonar algo a sus fieles, no cabe duda alguna de que había métodos de aprendizaje o procedimientos para la expiación mucho menos expeditivos, pero más aprovechables. En el segundo, la cultura religiosa judía se escondía bajo la imprecisa figura de un Mesías, tan indefinido como los castigos en el tiempo, para penalizarlo con una nueva modalidad de resignación: la exigencia de no hacer nada en pro de sí mismo hasta que aquel no llegara a librarles del mal. ¿Cuál sería la función de la religión, alma y cuerpo de la cultura judía, en el nuevo Estado?

Pinsker no parece demasiado entusiasta de la misma, pero no reniega de ella; y aunque la suele poner en sordina siempre que la menciona, afirma decididamente que los judíos no harán el viaje desprotegidos, sino que se trasladarán a la patria nueva llevando consigo su bagaje más preciado: «la idea de Dios y la Biblia»[26]. Desde luego, no se precisa si la visión de la nueva tierra antigua cambiará a Dios el ceño, pero más le valdría a su pueblo que así fuera por si, en algún diabólico momento, sufriera una invasión de gentiles y rememorando pasados heroísmos encomendara a sus funcionarios que la anotaran *ipso facto* en el elenco de castigos.

No es ese sin embargo el mayor problema que se presentará al futuro *Israel*, sino el del papel que una religión tan totalitaria pueda jugar en la vida pública o la función social o política a desempeñar por los defensores del valor sagrado de hasta la última coma del texto bíblico: ¿sabrá renunciar ese dios, esto es, el ejército de la ortodoxia, burócratas incluidos, por ejemplo, a la esfera pública, abstraerse de ejercer potestad alguna en los dominios del César, y también reconocer al pueblo judío como César, si ese hipotético momento llegara? ¿A qué precio? ¿Al del

---

25   Véase n. 4, al final.
26   P. 180.

monopolio de la herramienta con la que moldear las conciencias de los futuros ciudadanos, quizá con la intención de desfigurar el pluralismo normativo en una misma y única conciencia? También aquí, el ejemplo *post factum* del real Estado de Israel, que ha visto amenazada no ya la paz pública, sino hasta su misma existencia, resulta igualmente ilustrativo. El enemigo ortodoxo interno le negó su legitimidad durante décadas y a veces hasta llegó a constituir alianzas *ad hoc* con el enemigo externo palestino, en contra del Estado que lo protegía y financiaba con un dinero público cuyo origen despreciaba, pero cuyo uso administraba.

Una última cuestión. ¿Cómo reaccionará el futuro Estado judío cuando se dé de bruces contra, llamémosle así, el factor sorpresa de la historia? Es decir, contra esa inversión de roles en las que cambia uno de los protagonistas del juego y pasa a desempeñar un papel que puede llegar a ser exactamente el inverso del jugado inicialmente. La cuestión judía surge porque el judío es inasimilable, con independencia, por un lado, de que la falta de asimilación se produzca por el rechazo gentil o el rechazo judío a desaparecer, y con independencia de los casos —numerosos, pero en un porcentaje bajísimo en relación con el total— en los que dicha asimilación sí se ha producido.

Mas, ahora, repárese en que los judíos se desplazan hacia un territorio que raramente será virgen, aunque se lo prefiera así, o bien a otro semidespoblado en el que los emigrantes pronto alcanzarán una mayoría estruendosa. En esa tesitura, y tanto en un contexto como en otro, resultará extraordinariamente sencillo que haya alguien —pocos en relación con el conjunto de la población judía, pero no necesariamente pocos en sí mismos— que no se asimilen porque se les rechaza o porque lo rechazan. *Quid Iuris?* ¿Deviene imposible pensar en una repetición de la historia en la que el factor judío, el único que permanece en el juego, haya invertido su posición en el tablero? Y, en tal caso, siendo la naturaleza humana la misma en todos los humanos, ¿no cabría la reproducción del dolor, bajo formas tan sublimes como el sufrimiento, la incertidumbre, el desprecio, la humillación, el odio, la pérdida de la autoestima, el deseo de cambio, etc.? En el recién estatuido Estado judío, el nuevo judío podría toparse sin esfuerzo con el judío antiguo bajo la forma, pongamos, de árabe, y de ser así la historia habría ironizado consigo misma al poner fin a la cuestión judía sólo para dar inicio a la cuestión *palestina*. Habría ironía en esa repetición, desde luego, pero al menos no se ofendería a la verdad proclamando que los hechos que en su primera manifestación fueron tragedia, en su eco ulterior son comedia, según cierto pope pontificara y ha ido repitiendo con vulgar puntualidad una dispar legión de simiescos imitadores. En un caso como el antevisto, si la cuestión judía fue una tragedia, su posible prolongación palestina en el nuevo Estado judío constituiría una tragedia aún más dramática, y no sólo para ambas partes, sino incluso, y en función del contexto, para la paz mundial.

En suma, la autoemancipación no consiste únicamente en la emancipación del individuo judío respecto del gentil que por doquier le oprime, sino de toda opresión: incluida la que la propia cultura judía ha producido contra sus miembros, tanto creyentes como laicos, a través de esa sin par fábrica de humillación consistente en legitimar los sufrimientos que los angustian y condenarlos a una dolorosa minoría de edad que les incapacita para la acción tendente a liberarse de ellos, sea santificando la resignación o manteniéndolos *ad calendas graecas* a la espera de un Mesías redentor que los saque de su actual postración: mas, oh paradoja, no de su infantilismo, uno de los factores con los que el judío ha cavado su tumba en vida en los últimos dieciocho siglos de historia, según explica Pinsker. Es así como, y con ayuda de los gentiles, ha caminado por su vida pisoteado por quienes le despreciaban y pisoteando su orgullo en su búsqueda de perdón, llegando al paroxismo de rechazar el remedio que la época puso a su disposición para devolverle su dignidad, la perdida humanidad, vale decir: la formación de la nación judía protegida por la muralla de su propio Estado.

En el proyecto emancipador, con todo, se creyó que la urgencia de la huida del infierno europeo, del oriental *in primis*, avalaba el consagrarse únicamente a los complejos problemas técnicos planteados por la inmigración, y propiciaba la creencia de que el cambio de lugar bastaba para cambiar casi de repente la psique del sujeto y dejar atrás los problemas que justificaban dicha huida. No hubo tiempo para aprender que el después, el futuro, también formaba parte del proyecto tanto como el presente, y que se deberían haber previsto contra la posible repetición de los males que habían condenado a la huida a quienes huían. De esa manera no se habría hecho fuerte la creencia mesiánica de que el mundo nuevo sería un mundo bueno que, pese a las dificultades constatadas para hacer realidad el ideal sionista, parece latir bajo todas ellas. Sólo las generaciones posteriores aprendieron la cruda realidad que Salustio nos legara por medio del discurso de César en su *Conjuración de Catilina*, a saber: que de la acción política forma parte el futuro bajo la forma de juzgar las acciones considerando también sus consecuencias, y no sólo el pasado con la necesidad de defenderse de ellas.

AUTO-EMANCIPACIÓN
EXHORTACIÓN DE UN JUDÍO
RUSO A LOS DE SU ESTIRPE

LEO PINSKER (1821-1891)[1]

PRÓLOGO DEL AUTOR

Un momento de calma ha sucedido al dolor de la masacre, y perseguidores y perseguidos pueden tomar un poco de aliento. Mientras, con el
dinero recogido precisamente para favorecer la emigración, los judíos
son repatriados. Pero los judíos de occidente han aprendido nuevamente
a soportar el grito de *Hep-Hep*[2], como sus padres en tiempos pasados.
El estallido ardiente de indignación a causa de la ignominia sufrida se
ha transformado en una lluvia de ceniza que ha ido cubriendo el suelo
incandescente. Cerrad los ojos y esconded la cabeza como el avestruz:
si no aprovecháis este momento transitorio de calma y dejáis de idear
medios de salvación más radicales que las cataplasmas de curanderos
aplicadas a nuestro desdichado pueblo durante milenios, una paz duradera nunca estará a vuestro alcance.

Setiembre, 1882.

---

1   Leo Pinsker es, junto a M. Hess y T. Herzl, uno de los fundadores del
    sionismo, movimiento que cuestión judía, dado la emancipación habían
    cumplido su promesa liberadora.
2   Posible acróstico de *Hierosolyma est perdita* («Jerusalén se ha perdido»).
    En todo caso, era el grito que acompañaba las persecuciones contra
    los judíos en Alemania en 1819, y que permanece como símbolo de los
    levantamientos antisemitas.

Hoy como ayer, el problema inmemorial de la cuestión judía continúa excitando los ánimos. Irresoluble, como la cuadratura del círculo, sigue siendo, a diferencia de esta, la más acuciante cuestión del orden del día. Ello es así porque no nos las vemos aquí únicamente ante un problema de interés teórico, sino con uno al que la propia vida real reactualiza de día en día y para el que perentoriamente reclama solución.

Según nuestro punto de vista, el núcleo central del problema es el siguiente: los judíos conforman de hecho, en pleno regazo de los pueblos con los que conviven, un elemento heterogéneo que ninguna nación puede asimilar, ni, por ende, fácilmente digerir. En consecuencia, la tarea consiste en dar con el modo que permita a dicho elemento exclusivo anudar tales relaciones con los pueblos que, de una vez por todas, erradique la cuestión judía.

Naturalmente, no estamos pensando que llegue a operarse una armonía absoluta, que, por lo demás, tampoco cabe hallar entre los demás pueblos. El milenio en el que la *Internacional* desaparezca y las naciones se fusionen en la humanidad aún yace en una lejanía imperceptible. Hasta entonces, las aspiraciones y los ideales de los pueblos han de limitarse a procurar un modus vivendi soportable.

Una paz universal eterna aún por largo tiempo habrá de esperarse; pero hasta ese momento sí cabe regular ordenadamente las relaciones de las naciones entre sí por medio de un convenio condicionado, un convenio basado en el derecho internacional, en tratados, pero más aún, en una cierta igualdad de actitud y de recíprocas exigencias, así como en un respeto mutuo.

En las relaciones de los demás pueblos con los judíos no cabe reconocer una tal igualdad de actitud. Se echa de menos el fundamento de dicho respeto mutuo que el derecho internacional y los tratados se cuidan de regular y garantizar. Sólo cuando se cree semejante fundamento, cuando la igualdad entre los judíos y los otros pueblos sea un hecho, podrá considerarse resuelta la cuestión judía.

Por desgracia, una tal igualdad, que fue una realidad en un pasado desde hace mucho tiempo olvidado, y cuyo retorno puede esperarse en un futuro remoto, hace que, en las condiciones actuales, alinear al pueblo judío entre los demás pueblos parezca una ilusión.

Aquel carece de la mayoría de los atributos con los que necesariamente se reconoce a una nación. Carece de esa vida genuina que, sin una lengua común, unas costumbres comunes y sin una unidad territorial común resulta impensable. El pueblo hebreo no tiene patria propia, aunque tenga muchos países maternos; no gira en torno a ningún eje, no dispone de ningún centro de gravedad, de ningún gobierno propio, de ninguna representación. Están presentes por doquier, pero en ninguna parte en casa. Los pueblos nunca tienen que ver con una nación judía, sino siempre sólo con judíos. Para una nacionalidad judía, falta a los judíos ese carácter nacional propio y singular de quienes viven en las demás naciones, que sólo la convivencia en un único ámbito estatal determina. Tal carácter nacional naturalmente no podía forjarse en la dispersión, y entre los judíos parece haberse extinguido todo recuerdo de la antigua patria común. Merced a su fácil capacidad de adaptación han podido apropiarse con suma facilidad de los caracteres propios de aquellos pueblos hacia los que el destino les empujara. Y no raramente, incluso, se han desprendido por completo de sus rasgos originales tradicionales en obsequio a sus protectores. Se apropiaron, o lo creyeron, de ciertas tendencias cosmopolitas que podían complacer a los demás tan poco como bastarles a ellos mismos.

En tanto buscaron asimilarse a los demás pueblos, los judíos renunciaron en cierto sentido voluntariamente a su propia nacionalidad. Pero en ninguna parte lograron que sus conciudadanos les reconocieran como iguales a los nativos.

Con todo, lo que más refrena el impulso de los judíos a una existencia nacional es el hecho de no sentir dicha existencia como necesidad. No sólo no la sienten, sino que incluso niegan la legitimidad de sentirla.

Para un enfermo, no sentir la necesidad de comer y beber es un síntoma grave. No siempre se logra liberarle de su fatídica anorexia. Y si para su suerte la supera, aún hay dudas acerca de si el enfermo se halla en grado de asimilar el alimento nuevamente apetecido.

Los judíos se hallan en esa triste condición. Y ese punto, el más importante de todos, es el que hemos de examinar con la mayor atención. Hemos de demostrar que el infortunio de los judíos se funda ante todo en que no sienten la necesidad de alcanzar la independencia nacional; que es menester despertarles y avivarles dicha necesidad si no quieren quedar para siempre expuestos a una existencia ignominiosa. En una palabra: que *han de llegar a ser una nación.*

En el insignificante hecho de que los judíos no conforman para los demás pueblos una nación autónoma reside en parte el secreto de lo anómalo de su situación y de su miseria sin fin. La mera pertenencia a dicho pueblo constituye un estigma imborrable, repugnante para los no judíos, doloroso para los judíos mismos. Un fenómeno, empero, profundamente radicado en la naturaleza humana.

Entre las naciones de la tierra, los judíos quedan como una nación perecida ya desde hace mucho. La pérdida de su patria acarreó la de su independencia, y una dispersión incompatible con la esencia de un organismo unitario y vital. Su Estado, sofocado por el empuje de la dominación romana, desapareció ante los ojos de los pueblos. Mas aun después de renunciar a una existencia física y política en forma de Estado, el pueblo judío no podía aceptar su total aniquilación y no renunció a su unidad espiritual.

El mundo divisaba en este pueblo el espectro de un muerto caminando entre vivos. Y esa forma espectral de muerto errante, la de un pueblo sin unidad ni orden, sin tierra ni articulación, sin vida y aun así presente entre los vivos; esa figura insólita, de la que apenas cabe hallar un igual en la historia, sin modelo ni seguidor, no podía no suscitar en la imaginación de los pueblos una impresión única y extraña. Y puesto que el miedo a los fantasmas es innato, y encuentra cierta justificación en la vida psíquica de la humanidad, que una nación a la vez muerta y viva lo cause en tan alto grado, ¿puede causar estupefacción?

La turbación ante el fantasma judío se ha transmitido y consolidado a lo largo de las generaciones y de los siglos. Turbación que ha conducido al prejuicio, el cual, vinculado a otros factores de los que se hablará después, dio lugar a la *judeofobia*.

Asociada a las demás ideas inconscientes y supersticiosas, a instintos e idiosincrasias, la judeofobia ha terminado por adquirir plena ciudadanía entre todos los pueblos de la tierra con los cuales los judíos han entablado relaciones. La judeofobia es una especie de demonopatía, con la peculiar diferencia de que el temor al espectro judío se ha difundido por la entera especie humana, y no entre algunas poblaciones específicas; y de que, en lugar de incorpóreo, como los demás espectros, consta de carne y de sangre, así como de las heridas provocadas por los más atroces castigos infligidos por multitudes atemorizadas que se creen amenazadas por él.

La judeofobia es una psicosis. En cuanto psicosis, es hereditaria: y en cuanto enfermedad heredada desde hace dos milenios, incurable.

El temor a los espectros, madre de la judeofobia, ha generado ese odio abstracto, tentado estoy de llamar platónico, merced al cual la entera nación judía ha sido retenida responsable de los delitos, reales o imaginarios, cometidos por cada uno de sus vástagos en particular, lo que la ha llevado a ser calumniada en múltiples modos y ominosamente vejada.

Amigos y enemigos han intentado explicar o justificar dicho odio a los judíos al tiempo que hacían en contra de los judíos toda suerte de acusaciones. Habrían crucificado a Jesús, bebido sangre de cristianos, envenenado pozos, ejercido la usura, explotado a los campesinos, etc. Estas y mil otras acusaciones sobre un pueblo se han demostrado infundadas, y ponen de manifiesto su fragilidad en el hecho mismo de haberse producido al por mayor, al objeto de aplacar la mala conciencia de los perseguidores de judíos, de justificar la condena de toda una nación, de probar la necesidad de quemar a los judíos, o mejor: a su espectro. Quien quiere demostrar demasiado termina por no demostrar nada. Y si bien cabe reprochar con razón a los judíos muchas cosas, en ningún caso se trata de un vicio tan grave, o de delito tan capital, como para romper el bastón sobre la espalda de una nación entera. En determinados casos, aquellos hechos han sido sin más rebatidos merced a los contactos directos mantenidos por judíos y no judíos, a las relaciones totalmente amistosas mantenidas por los judíos con los vecinos no judíos. Las recriminaciones, por tanto, son por lo general de carácter del todo genérico, carentes del mínimo fundamento, formuladas por así decir *a priori* o, las más de las veces, referidas a casos singulares que nada prueban contra la nación en su conjunto.

Y así, judaísmo y odio a los judíos marchan inseparablemente unidos a través de la historia. Al igual que el pueblo judío, eterno *Ahasverus*[3], el odio al pueblo judío parece no querer morir nunca. Se debería estar ciego para afirmar que los judíos no son el pueblo elegido del odio universal. En sus relaciones recíprocas, en sus instintos y aspiraciones, los pueblos pueden ser muy diferentes unos de otros, pero en su animadversión a los judíos se estrechan la mano, es un punto en el que todos están de acuerdo. La medida y el modo en el que tal desprecio toman forma dependen, cierto, del grado de civilización de cada pueblo en particular. Pero, en esencia, aquel se da siempre y por doquier, sea que se manifieste en actos violentos, persecuciones debidas a la envidia o bajo la máscara de la tolerancia y la protección.

Verse saqueado por judío, o tener que ser protegido por judío, resulta humillante por igual, igual de penoso para el sentimiento de humanidad de los judíos.

Habiendo concebido la judeofobia como una demonopatía específica y congénita del género humano, y expuesto el odio a los judíos

---

3   «El eterno judío errante».

como una aberración hereditaria del espíritu humano, llegamos a la, para nosotros, importante conclusión de que es menester tanto renunciar a la lucha contra esos impulsos hostiles, como a la lucha contra dicha disposición hereditaria. Idea esa tanto más importante cuanto que pone finalmente de relieve que es menester dejar de lado toda polémica que suponga un dispendio de tiempo y energías, así como todo devaneo improductivo. Y es que contra la superstición hasta los dioses mismos luchan en vano. El prejuicio o el instinto hostil mal se concilian con ninguna argumentación, por aguda y clara que sea. O se dispone de fuerza material con la que poner límites a tan tenebrosas potencias, como ocurre con cualquier otra fuerza ciega de la naturaleza, o simplemente se aparta uno de su camino.

Así pues, nosotros encontramos la base del prejuicio contra la nación judía en la psicología de los pueblos. Pero hemos de tomar también en consideración otros aspectos no menos importantes que imposibilitan la fusión o equiparación de la nación judía con las demás.

En términos generales, ningún pueblo siente *a priori* amor hacia los extranjeros. Se trata de algo etnológicamente fundado, y de lo que nada cabe reprochar a ningún pueblo. Ahora bien, ¿se halla el judío sometido a *esa* ley universal en idéntica medida a los de las restantes naciones? ¡En absoluto! El desprecio que un extranjero afronta en un país extraño puede devolverlo con la misma moneda una vez en su patria.

Sin obstáculo y de manera visible, el no judío de un país extranjero persigue sus propios intereses. Por doquier se encuentra natural verlo, solo o asociado a otros, luchar por tales intereses. En un país extraño, el extranjero no necesita *ser* ni *parecer* ningún patriota. Pero el judío, en su *patria*, no sólo no es un nativo, sino que tampoco es un forastero: es el extranjero por *excelencia*. No se le percibe ni como amigo, ni como enemigo, sino como a un desconocido, del que sólo se conoce que carece de patria. En el forastero no se puede *confiar*; del judío sólo cabe *recelar*. El forastero pretende una hospitalidad que él puede devolver con la misma moneda. El judío no lo podría, luego no le cabe pretensión alguna de hospitalidad. No es un huésped, y menos aún un huésped bienvenido. Más bien semeja un mendigo: ¿y qué mendigo lo es? Es más bien un necesitado: ¿y a qué necesitado no se le puede denegar protección? Los judíos son extranjeros sin posibilidad de representación, pues carecen de patria. Y puesto que carecen de ella, puesto que su suelo patrio carece de límites tras los que atrincherarse, su miseria tampoco los tiene. Extranjeros por definición, la *ley* no ha sido escrita para ellos. En cambio, por doquier existen *leyes* para *judíos*. Y cuando la ley general es válida también para los judíos, ello debe fijarse expresamente mediante una ley especial. Al igual que los negros, que las mujeres, pero contrariamente a los pueblos libres, tienen aún que ser *emancipados*.

Y en desventaja comparativa; pues, a diferencia de los negros, pertenecen a una raza avanzada, y, a diferencia de las mujeres, pueden hacer gala no sólo de mujeres notables, sino también de hombres, incluso de grandes hombres.

Puesto que el judío en ninguna parte se halla en casa propia, en ninguna parte se le considera un lugareño, por doquier sigue siendo un extranjero. Que tanto él mismo como sus antepasados hayan nacido en el país, en lo más mínimo cambia la cosa. En la mayoría de los casos se le trata como a un hijastro, como a una cenicienta; en el mejor, deviene en un hijo adoptivo cuyos derechos pueden ser contestados: *jamás* como legítimo hijo de su patria. El alemán orgulloso de su germanidad, el eslavo, el celta no admiten que el judío semita sea igual a él; y si, en cuanto hombre ilustrado, se halla dispuesto a concederle todos los derechos de ciudadano, ello nunca le llevará a *olvidar* al judío en ese su conciudadano. La *emancipación legal* de los judíos es el punto culminante de los logros de nuestro siglo. Empero, esa *emancipación legal* no constituye la emancipación *social*, y pese al establecimiento de la primera los judíos distan aún de haber sido emancipados de su *posición social* de excepción.

La emancipación de los judíos halla naturalmente justificación en lo que siempre han sido los postulados de la *lógica*, del *Derecho* y del *interés bien entendido*. Nunca se la podrá considerar como expresión espontánea del *sentimiento* humano. Lo poco que debe su origen al sentimiento espontáneo de los pueblos hace de ella algo *en sí incomprensible*, y que en ninguna parte haya echado raíces tan profundas como para no tener que hablar de ella. Con todo, que la emancipación se lleve a cabo bien por impulso propio, bien por motivos conscientes, no dejará de ser un regalo de ricos a un pueblo de mendigos pobre y humillado, una espléndida limosna dada de buen o mal grado a ese pueblo de mendigos al que, a pesar de los pesares, nadie desea voluntariamente albergar junto a sí: y es que no cabe afecto o confianza algunos para un vagabundo sin patria. El judío no debe olvidar que el pan cotidiano de los derechos civiles debe serle *dado*. El estigma que marca a ese pueblo, y le arroja a un aislamiento tan poco envidiable entre las demás naciones, no podrá ser limpiado mediante ningún trato igualitario oficial mientras dicho pueblo, a tenor de su naturaleza, siga produciendo nómadas errantes; mientras no pueda presentar pruebas de dónde viene y adónde va; mientras los judíos mismos no hablen con agrado de su origen semita en sociedades arias y les resulte desagradable que alguien se lo recuerde; mientras sean perseguidos, tolerados, protegidos, emancipados, etc.

A esa dependencia indigna del judío, eterno extranjero, respecto del no judío se añade otro factor, de capital importancia práctica, que impide la plena fusión de los judíos con los aborígenes de cualquier parte.

En la gran lucha por la existencia, los pueblos civilizados se someten de buen grado a las leyes, que ayudan a transformar dicha lucha en una competición pacífica, en una noble concurrencia. En este punto, de ordinario los pueblos trazan una distinción entre el nacional y el extranjero, en la que naturalmente el primero lleva siempre las de ganar. Ahora bien, si semejante diferencia opera ya en relación al extranjero, par en dignidad, ¡cuán rudamente no operará frente al judío, el eterno extranjero! ¡Cuál no será la irritación ante el vagabundo que osa lanzar su lasciva mirada a una patria que le es ajena, como a una mujer protegida por padres recelosos! Y si aun así tiene cierto éxito y logra recoger algunas flores de su corona, entonces ¡pobre de él! No se lamenta si le va como les fue a los judíos en España y Rusia.

A decir verdad, para que a los judíos les vaya mal ni siquiera precisan de éxitos rutilantes. En donde se les amontona en grandes masas, ya *su solo número* supone una preponderancia significativa, favorable en su competencia con la población no judía. En las provincias occidentales de Rusia vemos a los judíos, apiñados allí como en un corral, llevar una mísera existencia en medio del *pauperismo* más espantoso. Empero, no cesan las quejas acerca de la *explotación* ejercida por los judíos.

Resumamos lo dicho: el judío es, para los vivos, un muerto; para los autóctonos, un extranjero; para los naturales, un vagabundo; para los hacendados, un mendigo; para los pobres, un explotador y un millonario; para los patriotas, un apátrida, y para todas las clases un competidor odiado.

Sobre ese *antagonismo natural* reposa la miríada de malentendidos, de acusaciones y reproches recíprocos que ambas partes, con o sin razón, se lanzan la una a la otra. Los *judíos*, de su parte, en lugar de entender con claridad su situación y adoptar la correspondiente línea de conducta *racional*, apelan a la justicia eterna imaginando que así obtendrán algo. Por la suya, los *no judíos*, en lugar de apoyarse simplemente en su primacía natural y aferrarse a su punto de vista histórico-fáctico, el punto de vista del más fuerte, intentan justificar su reprobable actitud con una masa de acusaciones que un examen detallado demuestra infundada y omisible.

Ahora bien, quien desee ser imparcial, quien desee no juzgar y enderezar las cosas de este mundo de acuerdo con los principios de una utópica Arcadia, sino simplemente constatarlas y explicarlas a fin de extraer una conclusión útil en la práctica, no hará del todo responsable a ninguna de las partes del mentado antagonismo. A los judíos, que son con quienes nos las vemos aquí, dirá: ¡Sois realmente un pueblo necio y despreciable! ¡Sois *necios* porque, torpemente, permanecéis a la espera de algo de lo que desde siempre habéis dependido y que la naturaleza humana no da, a saber: el *sentimiento de humanidad!* ¡Sois *despreciables* porque no tenéis ni verdadero amor propio ni un sentimiento nacional *común!*

¡Un sentimiento nacional común! ¿De dónde tomarlo? Desde luego, el mayor infortunio de nuestra estirpe es *el no haber constituido ninguna nación,* el ser tan solo judíos. Somos un rebaño esparcido sobre la entera faz de la tierra, sin pastor que nos proteja y reúna. Cuando las circunstancias nos son más propensas llegamos al nivel de esos machos cabríos que en Rusia suelen asociarse a los caballos de raza. ¡Y esa es la meta suprema de nuestra ambición!

Es cierto que nuestros amados protectores desde siempre han procurado cortarnos el resuello y que nuestra autoestima no alcanzara plena dignidad. Durante siglos, la dura y desigual lucha por la existencia la hemos llevado adelante como judíos aislados, nunca como nación judía. Aislados, *cada uno* tenía que malgastar por *su cuenta* su ingenio y su energía por un trozo de pan bañado en lágrimas y una bocanada de aire viciado. En esa lucha desesperada no fuimos sometidos. Condujimos las más gloriosas de las guerras partisanas contra todos los pueblos de la tierra, unánimes en su deseo de aniquilarnos. Pero la guerra que condujimos y que sepa Dios por cuánto aún se prolongará no era por una patria, sino por la penosa subsistencia de millones «de buhoneros judíos».

Aun cuando todos los pueblos de la tierra no han sido capaces de aniquilar nuestra existencia, sí han conseguido sofocar en nosotros el sentimiento de nuestra independencia nacional. Y con fatal impasibilidad percibimos cómo en muchos países se nos niega un reconocimiento con mayor facilidad de la que le es negado a un zulú. En la dispersión logramos afirmar nuestra vida individual y demostrar nuestra capacidad de resistencia, mas a cambio de perder el vínculo colectivo de nuestra autoconciencia nacional. En tanto aspirábamos a preservar nuestra existencia material, con demasiada frecuencia nos vimos constreñidos a desatender nuestra dignidad moral. No llegamos a percibir que, con esa táctica indigna, aunque forzada, nos hundíamos cada vez más profundamente ante los ojos de nuestros adversarios, exponiéndonos a un desprecio cada vez más humillante, a una existencia proscrita que terminó por convertirse en el trazo más ominoso de nuestra herencia.

No había lugar para nosotros en el ancho mundo. Por ello, a fin de dar reposo a nuestra cansada cabeza en algún lugar simplemente pedíamos un lugar cualquiera, y con nuestras aspiraciones se reducía progresivamente ante nuestros ojos y los ajenos la de nuestra dignidad colectiva, hasta su irreconocible condición final. Fuimos el balón que los pueblos se arrojaban unos a otros, que con el mismo gusto se cogía o rechazaba. Un juego cruel se llevó a cabo con nosotros, que se reveló tanto más placentero cuanto más complaciente y elástica se demostraba en manos de los jugadores nuestra autoconciencia nacional. En esas circunstancias, ¿cómo podía llegar a plantearse el discurso de una autodeterminación nacional, de un desarrollo libre y activo de nuestra energía nacional o de nuestro genio primitivo?

Cabe notar de paso que, a fin de demostrar nuestra inferioridad, nuestros enemigos no cejaron en su afán por beneficiarse de esto último, que si bien puede contener algo de verdad, resulta en el fondo del todo irrelevante. En fin, como si entre sus propias filas los hombres geniales brotaran como hongos[4]. ¡Pobres! Reprochan al águila, que un día se elevara hasta el cielo y conociera a la divinidad, que no pueda revolotear demasiado alto cuando le han cortado las alas. Sin embargo, también con las alas cortadas hemos permanecido entre los pueblos con mayor cultura. ¡Que se nos conceda por una vez la suerte de la independencia, se nos deje disponer de nuestro propio destino, se nos dé un pedazo de tierra, como a serbios y rumanos, que se nos otorgue ante todo la ventaja de una libre existencia nacional y se verá entonces quién osa hablar mal de nosotros o reprocharnos la carencia de hombres geniales! Por ahora seguimos bajo el peso de los males que nos infligís. *Lo que nos falta no es el genio, sino el sentimiento de auto-confianza y la conciencia de dignidad humana que nos habéis robado.*

Cuando se nos maltrata, roba, saquea o ultraja no nos atrevemos a defendernos y, lo que es aún peor, casi nos parece natural. Si se nos abofetea, enfriamos la mejilla encendida con agua fría, y si nos sale sangre

---

4   Lit.: crecieran como moras en los setos.

le aplicamos una venda. Cuando se nos expulsa de la casa que hemos construido suplicamos humildemente la gracia, y si no logramos conmover el corazón de nuestro opresor, nos ponemos nuevamente en marcha en busca de… otro exilio. Si por el camino escuchamos la voz de algún ocioso espectador que nos grita: «Judíos, pobres diablos, desde luego merecéis compasión», nos llega a lo más hondo; y si de un judío cualquiera se dice que hace honor a su pueblo, ese pueblo se muestra tan necio como para sentirse orgulloso de ello. Hemos caído tan bajo que casi exultamos de alegría cuando, como en Occidente, una parte menor de nuestro pueblo es *equiparada* a los no judíos.

Empero, si a alguien se le ha de *sostener*, manifiestamente es débil de pies. Si no se da cuenta de nuestra procedencia y se nos ve como a los demás hijos del país, nos sentimos agradecidos al punto de renegar por completo de nosotros mismos. Para que se nos deje estar a gusto y podamos comernos con tranquilidad un plato de carne, nos decimos y decimos a los demás que ya no somos judíos, sino legítimos hijos de la patria. ¡Pía ilusión! Podréis acreditar un alto patriotismo, pero en toda circunstancia se os recordará vuestro origen judío. Ese calamitoso *memento mori*, cierto, no os impedirá hacer largo uso de una fiable hospitalidad, hasta que una buena mañana se os plante más allá de las fronteras, hasta que la maldita plebe os recuerde que en el fondo no sois más que vagabundos y parásitos legalmente desprotegidos.

Ni siquiera un trato humano serviría de prueba de que somos más *deseados* que *odiados*.

¡Patética imagen la nuestra! No se nos tiene por nación entre las naciones y no tenemos voz en el consejo de los pueblos, incluso en las cosas que nos conciernen. Nuestra patria es el extranjero; nuestra unidad, la dispersión; nuestra solidaridad, la general hostilidad; nuestras armas, la humildad; nuestra defensa, la huida; nuestra originalidad, la conformidad; nuestro futuro, el día siguiente. ¡Qué papel tan despreciable para un pueblo que tuvo antaño sus Macabeos[5]!

¿Puede maravillar que un pueblo que, con tal de vivir, se dejó pisotear y aprendió a besar los pies que lo pisotean haya caído en el mayor de los desprecios?

---

5   Hijos del sacerdote Matatías, que lideraron la exitosa revuelta militar judía contra el intento seléucida de helenizar Jerusalén tras su conquista de Judea a principios del siglo II antes de nuestra era (con Antíoco IV [175-163], que expolió el Templo, se había llegado a prohibir la circuncisión, la observación del sabat y la lectura de la Torah, además de consagrar el Templo a Zeus, etc.).

Lo calamitoso de nuestra historia está en que nosotros no podemos ni morir ni vivir. No podemos morir, pese a los golpes de los enemigos, y no queremos morir por voluntad propia, mediante apostasía o suicidio. Mas tampoco podemos vivir, de lo cual se cuidan nuestros enemigos. Tampoco queremos empezar a vivir una vida como nación, par a los demás pueblos, por nuestra lealtad de ciudadanos. Tales patriotas fanáticos niegan su peculiar esencia originaria en pro de cualquier otra nacionalidad existente, mejor o peor, sin importar cuál. Pero a nadie engañan: ¡no ven cuánto se agradece la compañía judía!

Así pues, llevamos encima desde hace dieciocho siglos esa vergüenza y jamás hemos hecho el menor intento serio por quitárnosla. Bien conocemos el ingente penar histórico de nuestro pueblo, y somos desde luego los últimos en querer responsabilizar de ello a nuestros *antepasados*. El cuidado de la autopreservación individual tenía que sofocar en germen todo movimiento popular comunitario.

Cuando, por efecto de nuestra dispersión, los pueblos no judíos quisieron golpear en cada uno de nosotros al pueblo judío en su conjunto, éramos sin duda lo bastante fuertes para no sucumbir en cuanto pueblo, más también demasiado impotentes como para alzarnos y emprender una lucha activa por nosotros mismos. A causa de la opresión de los pueblos de la tierra, hostiles todos a nosotros, hemos extraviado en el curso de nuestro largo exilio hasta la última traza de autoconfianza, de capacidad de iniciativa.

Y luego está la fe en el Mesías, la creencia en la intervención de un poder sobrenatural favorable a nuestra resurrección política, más el supuesto religioso de que teníamos que soportar con paciencia los castigos que Dios nos enviara, todo lo cual nos ha llevado a descuidar nuestra liberación nacional, nuestra unidad e independencia. Así, abandonamos de hecho la idea de la patria, y lo hicimos con tanto más deseo cuanto mayor era nuestro cuidado del progreso material. Y nos hundimos cada vez más profundamente. Los *sin patria* llegaron a olvidar *la patria*. ¿No ha llegado por fin la hora de constatar cuánto oprobio ha supuesto eso para nosotros?

Pero por suerte la situación actual ha cambiado algo. Los acontecimientos de los últimos años en la *ilustrada* Alemania, en Rumanía, en Hungría y, más particularmente, en Rusia[6] han puesto de relieve lo que

---

6   Alusión a la oleada de movimientos antisemitas surgidos en los países citados, entre otros: la fundación en Alemania de la Liga Antisemita por Wilhelm Marr

las mucho más sangrientas persecuciones de la Edad Media no llevaron a cabo. La conciencia nacional, antaño latente en un estéril martirologio, irrumpió ante nuestros ojos en las masas de judíos rusos y rumanos en la forma de una presión irresistible hacia Palestina. Por muy carente que se haya revelado, dicha presión testimonia sin embargo el recto instinto del pueblo, para el que ha llegado a ser claro que necesita una patria. Las duras pruebas superadas han producido ahora la reacción que apunta a algo muy diverso del aguante fatal de los castigos infligidos por la mano de Dios. Los principios de la cultura moderna tampoco han pasado por las masas oscuras de los judíos rusos sin dejar huella. Sin renunciar al judaísmo ni a su fe, aquellas se han rebelado con toda su alma contra los abusos injustificados, que se le podían infligir impunemente por la simple razón de que para el gobierno ruso los judíos son *extranjeros*. Y los demás gobiernos europeos, ¿por qué iban a preocuparse de los ciudadanos de un Estado en cuyos asuntos internos nadie tiene derecho a intervenir?

Hoy día, cuando nuestros confraternos de una pequeña parte de la tierra comienzan a respirar y a ser partícipes del sufrimiento de sus hermanos; hoy día, cuando algunos pueblos sojuzgados y oprimidos están readquiriendo su independencia, tampoco nosotros podemos ni por un instante permanecer con los brazos cruzados, ni conceder tampoco que se nos deba condenar en el futuro a escenificar la causa perdida del "judío errante".

Sí, perdida es esta causa que conduce a la desesperación.

Si un individuo se halla en la desdichada situación de verse despreciado y rechazado por la sociedad, a nadie asombra que se suicide. Ahora bien, ¿dónde está el arma mortal que aseste el golpe de gracia a todos los miembros de la comunidad judía dispersos sobre la tierra? ¿Y qué mano se aprestaría a ello? Cuanto menos posible y deseable resulta, tanto más nos incumbe la obligación de consagrar la totalidad de la energía moral que aún nos resta a recuperarnos, al objeto de ocupar una posición más llevadera y digna en el círculo de las naciones vivientes.

Ahora bien, si el criterio del que hemos partido es correcto, si el prejuicio del género humano contra nosotros se funda en principios

---

en 1879; las persecuciones habidas en Rumanía entre 1879 y 1880; el bloqueo del proceso de asimilación en Hungría a partir de 1848, más el resurgir del antisemitismo a finales de los años 70 o los pogromos de 1881 y 1882 en Rusia entre otros.

innatos e inextirpables, profundamente arraigados en sentido antropológico y social, mejor olvidarse entonces de los lentos progresos de la humanidad y aprender de una vez por todas que, al igual que las demás naciones, mientras no tengamos nuestra propia patria tendremos que renunciar para siempre a la noble esperanza de llegar a ser iguales a los demás hombres. Habremos de asumir que antes de que la gran idea de humanidad congregue a todos los pueblos de la tierra aún transcurrirá una serie de milenios, y que, mientras tanto, un pueblo que en todas partes y ninguna tiene su hogar, también en todas partes será considerado un cuerpo extraño por cada sociedad. Llegada es la hora de hacernos una idea serena y desapasionada de nuestra *genuina* condición. Sin lugares comunes ni opiniones preconcebidas hemos de reconocer en el espejo de los pueblos la figura tragicómica del nuestro, que con muecas desfiguradas y miembros deformes contribuye junto a los demás a la gran historia universal sin, en cambio, haber llegado a construir una historia nacional propia. Tenemos que hacer nuestra para siempre la idea de que las demás naciones, por mor de su inherente, *natural* antagonismo hacia nosotros, nos rechazarán eternamente. Ante esa energía, que actúa como cualquier otra fuerza elemental, en vez de cerrar los ojos hemos de tenerla presente. No estamos autorizados a *quejarnos* por ello; al contrario, estamos *obligados* a concentrarnos en nosotros mismos, recobrar la compostura y aprestarnos a no permanecer eternamente Cenicienta, el yunque de los pueblos.

Al igual que apenas si tenemos derecho a *responsabilizar* a los demás pueblos de nuestro infortunio nacional, tampoco estamos legitimados para depositar única y exclusivamente en *sus* manos nuestra fortuna nacional. El género humano, y nosotros con él, se halla apenas en la primera etapa del camino incalculablemente largo que conduce al humanismo a su práctica plenitud, caso de que se deba llegar hasta ahí. Por ello hemos de renunciar a la ilusoria representación de que con nuestra dispersión estamos cumpliendo una misión providencial: una misión en la que nadie cree, desempeño privilegiado al que, hablando claramente, con gusto renunciaríamos si con ello cupiera expulsar del mundo el ignominioso epíteto de "judío".

Nuestro honor, nuestra salvación, tenemos que buscarlos no en las vanas ilusiones con las que nos engañamos, sino en la restauración de nuestra propia unidad nacional. Hasta ahora el mundo no nos reputó empresa solvente, por lo cual nunca nos acordó un justo crédito.

Si el impulso hacia la nacionalidad de varios pueblos surgidos ante nuestros ojos se halla íntimamente justificado, ¿puede entonces objetarse la justificación del mismo impulso entre los judíos? Están más presentes que los demás en la vida de las naciones civilizadas; han hecho más méritos que ellas por la humanidad; pueden aducir un pasado, una historia, un origen común y puro, una vitalidad indestructible, una fe inconmovible y una historia de sufrimientos sin par: contra nadie más que contra ellos han pecado los demás pueblos. ¿Es poco eso para hacerles capaces, para hacerles dignos de una patria?

La aspiración de los judíos a la unidad y la independencia nacionales no sólo está tan íntimamente justificada como la de los restantes pueblos oprimidos: tendría asimismo que encontrar el consenso de los pueblos para los que, con razón o sin ella, no somos de su agrado. Dicha aspiración ha de convertirse en una acción que se ejerza de manera irresistible sobre la actual política internacional a fin de que incida en el futuro.

Desde luego, al inicio se habrá de estar preparados para escuchar un gran griterío. Los judíos, ya temerosos y escépticos, con razón considerarán los primeros movimientos hacia dicha aspiración como desconocidas convulsiones de un organismo gravemente convaleciente; y, ciertamente, a la ejecución y concreción de tales impulsos se opondrán las mayores dificultades, y quizá sólo tras esfuerzos sobrehumanos lleguen a realizarse. Ahora bien, piénsese que a los judíos no les queda ninguna otra salida a su desesperada situación, y que sería de cobardes no emprender ese camino sólo porque es largo, difícil y peligroso, sólo porque las posibilidades de éxito que ofrece son escasas. El que no arriesga, no gana. Además, ¿qué tenemos que perder? En el peor de los casos seguiremos en el futuro como estuvimos en el pasado, lo que por nuestra cobardía no queremos dejar de ser: *judíos eternamente despreciados*.

Recientemente, hemos pasado en Rusia[7] por experiencias harto amargas. En este país somos demasiados y demasiado pocos. Demasiados en las provincias suroccidentales, donde a los judíos se les permitió residir; demasiado pocos en los demás lugares, donde ello les fue vedado. Si el gobierno, y la población rusa con él, hubieran llegado a la idea de que una distribución homogénea de la población judía habría reportado bienestar al conjunto del país, y si hubiera actuado en función de dicha idea, las persecuciones que hemos padecido probablemente no habrían tenido lugar.

Por desgracia, allí ni se podía ni se quería llegar a esa idea. No es culpa nuestra, ni tampoco una consecuencia del ínfimo grado de cul-

---

7   Nueva alusión a los pogromos señalados en la nota anterior.

tura del pueblo ruso; los antagonistas más rabiosos estaban en su mayor parte en la prensa, y debían ser inteligentes. Más bien se trata, única y exclusivamente, de aquellas causas generales, fundadas en la naturaleza de las cosas humanas, que explicáramos más arriba. Y puesto que nuestra tarea no debe consistir en mejorar al género humano, mejor vemos qué hemos de hacer en las actuales circunstancias.

En nuestras actuales e invariables circunstancias, somos y seremos los eternos parásitos que suponen una carga para la población dominante y cuya aprobación nunca ganaremos. Cosa esta tanto menos posible cuanto que, según parece, sólo mínimamente logramos mezclarnos con las demás naciones. De ahí que sea *nuestra* obligación cuidar de que el *excedente*, el residuo inasimilable, se aleje y vaya a residir a otra parte. Eso es incumbencia nuestra y de *nadie* más. Si fuera posible distribuir homogéneamente a los judíos entre las naciones de la tierra, la cuestión judía habría dejado de existir. Mas no lo es, y ha de reconocerse que una inmigración masiva de judíos no resultaría grata ni siquiera a los Estados más avanzados.

Nos expresamos con el corazón atribulado, pero es menester confesar la verdad. Y saberlo nos es tanto más necesario cuanto que sólo su correcta intelección nos capacitará para hallar los medios idóneos con los que mejorar nuestra situación. Sería igualmente muy triste no querer hacer uso de las enseñanzas prácticas obtenidas de nuestra experiencia. Enseñanzas que se basan, ante todo, en el conocimiento cada vez más difundido de que en ninguna parte tenemos nuestra casa, y de que un día tendremos algún *hogar*, cuando no una *patria* propia.

Una enseñanza ulterior de nuestras experiencias consiste en que la penosa salida de la emigración de Rusia y Rumanía ha de atribuirse única y exclusivamente a una circunstancia decisiva: que nos pilló *descuidados* y *por sorpresa*; que no habíamos provisto al elemento principal, ni con refugios ni mediante la organización racional de la emigración misma. Mientras eran a millares los judíos que se mudaban olvidamos llevar a cabo los preparativos de una nimiedad que ni el último sujeto olvidaría si desea trasladarse: la de procurarle la *oportuna nueva vivienda*.

Ahora bien, si nos preocupamos por tener un hogar seguro al objeto de poner fin a esta eterna vida errante y levantar nuestra nación ante los ojos propios y extraños, si algo hemos de hacer es no soñar con restablecer la antigua Judea. No tenemos por qué reengancharnos al sitio en el que nuestra vida política fue violentamente interrumpida y arruinada. Nuestro cometido, si de una vez queremos resolverlo, ha de ser *modesto.* Ya es de por sí suficientemente complicado. La meta de nuestros esfuerzos no debe ser ahora Tierra *Santa*, sino una tierra *nuestra*. No necesitamos sino de una vasta extensión de tierra para nuestros hermanos pobres, una tierra nuestra para siempre y de la que ningún señor extranjero pueda echarnos. A ella llevaremos con nosotros las cosas más sagradas que salvamos del naufragio de nuestra antigua patria, *la idea de Dios* y la *Biblia*. Y es que son esas las cosas que hicieron sagrada nuestra tierra, no Jerusalén o el Jordán. Cabe la posibilidad de que Tierra Santa pueda convertirse en nuestra tierra. De ser así, tanto mejor; pero *antes de nada* tiene que determinarse —y ese es el punto— qué país nos resulta en general accesible y apropiado al mismo tiempo para los judíos de todo el mundo forzados a abandonar su patria, a fin de ofrecerles un refugio seguro, indisputable y en el que trabajar.

No se nos oculta que el logro de dicha meta, que debe constituir la tarea vital de nuestra nación, se topará, a nivel interno y externo, con las mayores dificultades. Lo más difícil de todo será crear la condición más necesaria: la *decisión nacional*, pues, por desgracia, somos un pueblo terco. ¡Cuán fácilmente podría una oposición conservadora, tan familiar en la historia de nuestro pueblo, sofocar de raíz semejante decisión! ¡Qué maldición entonces para todo nuestro futuro!

¡Qué diferencia entre ayer y hoy! De acuerdo y en filas cerradas llevamos a cabo ayer un éxodo ordenado de Egipto al objeto de sustraernos a una abominable esclavitud y de conquistar una patria. Hoy andamos errantes, fugitivos y expulsados, pisoteada la cerviz, con la muerte en el corazón, sin un Moisés que nos guíe y sin una Tierra Prometida por conquistar mediante nuestro propio valor. No hay país del que no se nos expulse: unas veces se nos escolta con suma cortesía para que no alarguemos una plaga innecesariamente; otras, cuando hay suerte, se nos recoloca a la buena de Dios para que, libremente y sin importunar... vendamos ropa vieja, liemos un cigarrillo o lleguemos a ser unos campesinos chapuceros. Sería un eufemismo hablar aquí de emigración. Aturdidos y perplejos permanecen los fugitivos en las fronteras, implorando ayuda con sus ojos vacíos. Unos pocos barracones y unos miles de salvoconductos gratuitos son la escasa respuesta. Luego, repatriación de algunos, las miles de amargas desilusiones de otros, y el flujo del movimiento popular hacia una nueva vida que deviene en reflujo. Todo en derredor es silencio y nuestros caritativos hermanos de Occidente se retiran cómodamente a descansar. Al agitado mar de ayer ha vuelto la calma, transmutándose en la antigua ciénaga con sus rastreros engendros de siempre.

Y así vamos desde hace milenios, dando tumbos, perplejos, en un círculo vicioso y dejando que el ciego destino impere sobre nosotros. Un penar milenario nos ha convertido en un pueblo de «misericordiosos hermanos», mas sin llegar a producir un médico que trate racionalmente al pueblo. Seguimos con nuestro antiguo trote corto, siempre aferrados a los paliativos de la caridad. Pero nos negamos a entender que es menester tratar desde la raíz nuestra enfermedad crónica para curarla de manera radical.

Aun cuando inteligentes y experimentados, somos miopes y ligeros de cascos como niños, y no hemos encontrado tiempo para reunirnos y preguntarnos si ese necio errar, o mejor, ese necio andar errantes, tendrá algún día fin.

En la vida de los pueblos, como en la de los individuos, hay momentos decisivos que con frecuencia no vuelven y que, en función de su uso, ejercen una influencia determinante sobre el futuro, sobre la fortuna o el infortunio de unos y otros. Nosotros estamos pasando por uno de esos momentos actualmente. La conciencia del pueblo se ha despertado. Las grandes ideas de los siglos XVIII y XIX no han pasado en vano sobre nuestro pueblo. Nos sentimos no sólo judíos, sino también hombres. En cuanto hombres, queremos vivir como tales, ser una nación como las demás. Si de verdad lo queremos, antes de nada, hemos de arrancarnos el viejo yugo y alzarnos como hombres. Lo primero que hemos de *querer* es *ayudarnos mutuamente*. Sólo entonces la ayuda externa no se hará desear.

Ahora bien, el tiempo en el que estamos viviendo no es apropiado para la acción sólo por motivos relacionados con nuestra experiencia interna, o en razón sólo de nuestra recién adquirida autoconciencia. La historia universal contemporánea parece llamada a ser nuestra aliada. En el curso de unos pocos decenios hemos visto resurgir a una nueva vida a naciones que antaño no hubieran osado pensar en su restablecimiento. Alborea ya en la oscuridad del saber político tradicional. Los gobiernos comienzan —eso sí, donde no pueden evitarlo— a prestar oído a las voces cada vez más altas de la autoconciencia nacional. Cierto, los afortunados que lograron su independencia nacional no eran judíos. Estaban sobre su propio suelo y hablaban una única lengua, algo en lo que siempre cobran ventaja sobre nosotros.

Empero, si nuestra condición es más difícil, tanto más ello nos obliga al precepto de consagrar todas nuestras fuerzas a poner fin a nuestras miserias nacionales en modo más glorioso. Dispuestos al sacrificio hemos de estar decididos a poner manos a la obra, y Dios nos ayudará. Dispuestos al sacrificio lo estuvimos siempre, y tampoco nos faltó resolución para mantener *firme* nuestra bandera, ya que no *alta*. En el proceloso océano de la historia universal navegamos *sin brújula*: aferrarla es lo que se requiere. Lejos, aún muy lejos, está el puerto que nuestra alma busca: aquí y ahora, en efecto, ni siquiera sabemos dónde se encuentra, si al este o al oeste. Mas para el errante milenario no hay camino por recorrer que pueda resultar demasiado largo.

Y el puerto, ¿cómo lo encontraremos sin enviar una expedición? Felices al fin por saber lo que necesitamos, y adoptada ya una resolución, procede ahora seguir adelante con prudencia y diligencia extremas, paso a paso, sin prisas, sino, al contrario, concentrando todas nuestras fuerzas en no desviarnos por caminos secundarios. Nos falta el genial Moisés como guía; la historia no suele prodigar guías así a un pueblo. Pero la clara conciencia de lo que nos es menester, el conocimiento de la necesidad perentoria de una patria propia despertará entre nosotros algunos amigos del pueblo enérgicos, honorables y elevados, en grado de asumir a un tiempo la dirección de su pueblo y capacitados quizá, no menos que aquel Único, para redimirnos de la ignominia y la persecución.

¿Qué debemos hacer en primer lugar, cómo empezar?

Creemos que el germen para este inicio está ya disponible, y se encuentra *en las sociedades ya existentes*. Les corresponde, y están llamadas y obligadas a poner los fundamentos de ese faro hacia el que se dirigirán nuestros ojos. Naturalmente, realizar esa gran tarea nueva exige su completa metamorfosis. Tienen que convocar un *Congreso Nacional*, del que serán su núcleo. Pero si declinan dicha función y retienen no poder trascender el marco de su actual actividad, tendrían al menos que constituir a partir de sí mismas un Instituto Nacional especial, digamos un *Directorio*, que representara esa unidad que nos falta y sin la cual resulta impensable que nuestras aspiraciones prosperen.

En cuanto representante de nuestros intereses nacionales, el Instituto debe estar compuesto por los hombres más sobresalientes de nuestro pueblo y tomar resueltamente en mano la dirección de nuestros asuntos nacionales generales. Nuestras mayores y mejores fuerzas —hombres de finanzas, de ciencia, de acción, políticos y publicistas— tienen que unirse de manera unánime a fin de conducirnos hacia nuestra meta común. Esta consistiría, esencial y primordialmente, en procurar un refugio seguro e inviolable al excedente de judíos que viven como proletarios en los diversos países y constituyen un peso para la población originaria.

Ciertamente, no cabe llevar a cabo una emigración de todo el pueblo a la vez. El relativamente pequeño número de judíos de occidente, que constituye un insignificante porcentaje de la población y justo por eso se halla en mejor condición, al punto de haberse integrado en cierta medida, podrá también en el futuro quedarse donde está. Los acomodados también podrán permanecer donde los judíos no son fácilmente tolerados. Pero, como ya hemos dicho, hay un cierto punto de saturación que los judíos no han de sobrepasar si no quieren verse expuestos al peligro de una persecución, como en Rusia, Rumanía, Marruecos, etc. Es ese excedente, una carga para sí y para los demás, el que provoca el funesto destino *de todo el pueblo*. Crearle un refugio es, hoy por hoy, lo más urgente.

En la fundación de *semejante* refugio duradero la cuestión no es amontonar inútiles donativos para peregrinos o fugitivos que abandonan precipitadamente un hogar inhóspito para ir a caer en el abismo de un país desconocido.

La primera tarea de ese Instituto nacional, que tanto echamos de menos y cuya creación se revela imprescindible, ha de consistir en tratar de localizar un territorio adecuado a nuestros propósitos, a ser posible unitario y homogéneo. En este sentido, los más recomendables son dos países situados en regiones contrapuestas del mundo, y que en los últimos años se han disputado la primacía y creado dos corrientes enfrentadas de emigración judía. División esa que sofocó de raíz el entero movimiento.

Carente de plan, de meta y de unidad, la última emigración tendría que considerarse como un hecho fallido y perdido sin más, de no ser tan ilustrativo acerca de qué hacer u omitir en el futuro. Ante la total falta de previsión, cálculo racional y sabia unidad era imposible reconocer en ese caos de fugitivos errantes y hambrientos la más mínima señal de un movimiento orquestado hacia una meta fija y determinada. Aquello no era una emigración, sino una catastrófica huida. Para aquellos pobres fugitivos, los años 1881 y 1882 fueron una suerte de camino militar sembrado de heridos y cadáveres. E incluso los pocos que estaban felices por haber satisfecho sus deseos y llegaron al puerto anhelado, tampoco encontraron nada mejor que vías erizadas de peligros. Llegaran donde llegaran siempre se intentaba que cambiaran su rumbo. Pronto tales emigrantes se hallaron ante una encrucijada desesperada: o vagar sin refugio, sin ayuda, sin consejo hacia un país extranjero, o retornar humillados a una patria no menos extraña y hostil. Esa inmigración no fue para nuestro pueblo sino una fecha más en su martirologio.

Empero, semejante vagabundeo sin meta en el laberinto del exilio, tan familiar a nuestro pueblo, no le hizo dar un solo paso adelante, sino que, más bien lo hundió a mayor profundidad en la ciénaga viscosa de su peregrinar. No es posible descubrir ninguna señal de progreso hacia mejor en la última emigración. Persecución, huida, dispersión y, de nuevo, exilio: lo mismo que en los *buenos* viejos tiempos. La fatiga de nuestros perseguidores nos concede ahora una leve pausa: ¿nos daremos por contentos con eso? ¿O usaremos más bien dicha pausa en deducir la moraleja de la experiencia adquirida al objeto de sustraernos a los nuevos golpes al acecho?

Confiemos haber superado la lastimosa condición en la que los judíos de la Edad Media vegetaban. En nuestro pueblo, los hijos de la cultura moderna valoran la propia dignidad tan elevadamente como los opresores la suya. Sin embargo, no podremos salvaguardarla con éxito hasta habernos puesto por entero sobre nuestros pies. Cuando se haya encontrado un asilo para nuestro pobre pueblo —para los fugitivos que nuestro destino históricamente determinado por siempre creará—, el respeto de los demás pueblos hacia nosotros aumentará simultáneamente. Respecto de la actual situación, el hecho de saber adónde encaminar nuestros pasos, caso de que se nos coaccione a emigrar, supondrá ya un fuerte progreso. En tal caso, dejarán de sorprendernos acontecimientos tan tristes como los de los últimos años, y que prometen volver a repetirse en el futuro, tanto en Rusia como en otros países. Con energía hemos de emprender el empeño de ejecutar la magna obra de nuestra autoliberación. Hemos de procurarnos todos los medios que el espíritu humano y la experiencia humana han puesto a disposición, a fin de que la sacra tarea de la resurrección nacional no quede fiada al ciego azar.

El terreno que hemos de adquirir tiene que ser productivo, estar en buena situación y tener amplitud suficiente como para permitir el establecimiento de millones de personas. En cuanto bien nacional, dicho terreno será inalienable. Su elección es de importancia suprema y no debe fiarse ni a un arbitrio casual ni a ciertas simpatías preconcebidas de determinados individuos, cosa que, lamentablemente, ha sucedido de reciente. Dicha tierra tiene que ser unitaria y espacialmente homogénea, pues es parte esencial de nuestra tarea que poseamos, como contrapeso a la dispersión, un asilo único; la multiplicidad de asilos, en efecto, nos devolvería a nuestra antigua dispersión. De ahí que la elección de esa tierra nacional permanente que responda al conjunto de nuestras exigencias ha de llevarse a cabo con máxima prudencia, y atribuirse a un único Instituto nacional, a una Comisión de expertos seleccionada de nuestro Directorio nacional. Sólo una instancia superior semejante estará en grado, luego de un estudio sesudo y profundo, de emitir un juicio competente, y de determinar en *cuál* de los dos continentes, y en *qué* lugar en concreto, haya de recaer nuestra elección final.

Sólo entonces y de ningún modo antes el Directorio, junto con un consorcio de capitalistas fundadores de una ulterior sociedad por acciones que ha de constituirse, deberá comprar una franja de tierra sobre la que con el tiempo puedan establecerse millones de judíos. Dicha franja de tierra podría, o conformar un pequeño territorio en Norteamérica, o bien un *Pachalik*[8] soberano reconocido como neutral por la Puerta y las demás potencias en la Turquía asiática. Tarea importante del Directorio, desde luego, sería la de granjearse el apoyo de la Puerta y de otros Gobiernos europeos a esos planes.

Bajo atento control del Directorio, el terreno comprado tendría que repartirse en pequeñas parcelas que, dependiendo de las circunstancias locales, podrán destinarse a fines agrícolas, de construcción o industriales. Cada parcela, convenientemente determinada —campo de cultivo, casa con jardín, vivienda urbana, fábrica—, constituirá un *lote* que se asignará a cada peticionario en función de sus deseos.

Llevada a cabo exitosamente la agrimensura y la publicación de cartas detalladas y de la descripción exhaustiva de la tierra, una parte de los lotes será vendida a los judíos mediante pago convenido a un precio fijado con exactitud y quizá algo más elevado que el precio de compra. Los ingresos de la venta, junto a los útiles, en parte pertenecerán a la Compañía financiera; la otra parte irá a un Fondo de Ayuda a los emigrantes desamparados administrado por el Directorio. Para la fundación de dicho Fondo el Directorio podrá abrir también una suscripción nacional. Cabe resueltamente prever que nuestros hermanos por doquier saludarán con alegría una apelación tal a la suscripción y que para semejante fin sagrado afluirán riquísimas contribuciones.

En la escritura de posesión, nominalmente consignada a cada comprador, y firmada por el Directorio y la Compañía, se señalará con exactitud el número con el que el lote consta en la carta general, de modo que cada uno pueda ver claramente el sitio donde se encuentra la parcela de tierra que le corresponde, tanto si se trata de un campo como de un lugar para construir.

Ciertamente, numerosos judíos, por el momento ligados quizá a su antigua patria por medio de profesiones poco envidiables, aferra-

---

8   Territorio bajo jurisdicción de un Pachá.

rán con alegría la ocasión que tanto a ellos como a sus hijos se ofrece de procurarles mediante dicho certificado un escape de la necesidad, dejando tras sí aquellas tristes experiencias de las que tan rico se muestra el pasado más reciente.

La parte del territorio atribuida al Directorio por mor de la mentada suscripción nacional, y de los beneficios financieros esperables, se entregará a los emigrantes carentes de medios mas capacitados para el trabajo que los comités locales recomienden.

Como las sumas de la suscripción nacional no serán remitidas de una vez, sino en plazos probablemente anuales, también la colonización se llevará a cabo de manera paulatina, siguiendo un orden preestablecido.

Si los expertos se pronunciaran a favor de Palestina o Siria, dicha decisión tiene que basarse en la hipótesis de que el país, merced al trabajo y la diligencia, acabará transformándose con el tiempo en un país ciertamente fértil. En tal caso, las tierras aumentarán en el futuro de precio.

En cambio, si la decisión de los expertos recae en Norteamérica tendríamos que apresurarnos. Cuando se piensa que, en los últimos 38 años, la población de los Estados Unidos de América ha aumentado de 17 a 50 millones, y que el crecimiento de la población probablemente guardará la misma proporción en los próximos 40 años; queda claro cuán necesario es actuar de manera inmediata si no queremos dejar pasar para siempre la posibilidad de fundar para nuestros desdichados hermanos un asilo seguro en el nuevo mundo.

Visto el acelerado desarrollo de ese país, que la compra de tierras, lejos de ser una empresa arriesgada, constituya más bien un negocio lucrativo, lo percibe al primer vistazo todo aquel que posea un mínimo de juicio.

Ahora bien, aun cuando esta obra de ayuda propia llegara a ser un negocio más o menos bueno, poco importaría frente a la elevada significación que acabará por tener para el futuro de nuestro errante pueblo, pues seguirá siendo inseguro y precario en tanto nuestra situación no dé un vuelco radical. Vuelco que *no* la igualdad civil de los judíos en uno u otro Estado lo llevará a cabo, sino única y exclusivamente la autoemancipación del pueblo judío como nación, la fundación de una comunidad de colonos estrictamente judía, convertida un día en nuestro hogar genuino e inalienable: en nuestra patria.

Sin duda, no faltarán objeciones a nuestro plan. Se nos acusará de no contar con el anfitrión. ¿Qué país nos dará permiso para constituirnos como nación en el interior de sus fronteras? A primera vista, es cierto, nuestro edificio podría parecer, de acuerdo con el criterio escéptico, como una casa de papel con la que divertir a niños y bromistas. Pero nosotros creemos que muy atolondrado debe ser el niño capaz de divertirse ante la vista de náufragos que quieran construirse una pequeña barca en la que abandonar un país inhóspito. Más aún, nosotros llegamos incluso a dar crédito a la impertinencia de que esos pueblos tan poco hospitalarios nos ayuden en nuestro éxodo. Nuestros *amigos* nos verían partir con el mismo placer con el que nosotros les daríamos la espalda.

Naturalmente, la fundación de un asilo judío no podría llevarse a efecto sin el apoyo de los Gobiernos. Para adquirirlo y para asegurar a nuestro asilo una estabilidad permanente, los creadores de nuestro renacimiento nacional habrán de proceder con perseverancia y prudencia sumas. Lo que anhelamos no es, en el fondo, ni nuevo ni peligroso para nadie. En lugar de los muchos asilos que hasta el momento nos hemos habituado buscar, ahora queremos tener un asilo único, cuya existencia empero tiene que ser garantizada.

«¡Ahora o nunca!» es nuestro lema. ¡Ay de nuestros descendientes, ay del recuerdo de nuestros judíos contemporáneos, si dejamos pasar esta ocasión!

Resumimos el contenido de este escrito en las siguientes tesis:

Los judíos no son una nación viviente; son, por doquier, extranjeros y, por ende, despreciados.

La igualdad civil y política de los judíos no basta para ganarles el respeto de los pueblos.

El único medio recto sería la institución de una nacionalidad judía, de un pueblo sobre una tierra propia, la Autoemancipación de los judíos, su igualdad como nación entre naciones gracias a la adquisición de una patria propia.

No hay que ilusionarse con que la humanidad y la civilización sean algún día un remedio radical para la larga enfermedad de nuestro pueblo.

La falta de un específico sentimiento nacional y de confianza en nosotros mismos, de iniciativa política y de unidad son los enemigos de nuestro renacimiento nacional.

A fin de no vernos constreñidos a vagar de exilio en exilio, nos es menester un refugio productivo a gran escala, un punto de reunión que nos pertenezca.

Respecto del plan diseñado, el momento actual es más favorable que ningún otro.

La cuestión judía internacional tiene que tener una solución nacional. Desde luego, nuestro renacimiento nacional tendrá que ir despacio. *Nos corresponde a nosotros dar el primer paso.* A nuestros *descendientes*, seguirnos pausadamente, sin saltar los tiempos.

El renacimiento nacional de los judíos tiene que ser reconducido mediante un Congreso de notables judíos.

Ningún sacrificio será demasiado grande para alcanzar la meta, que deberá asegurar de una vez por todas a nuestro pueblo respecto de los peligros que amenazan su futuro.

En el estado presente de las cosas, la ejecución financiera de la empresa no ha de toparse con ninguna dificultad insuperable.

¡Ayudaos y Dios os ayudará!

THEODOR HERZL
EL ESTADO JUDÍO

MODERNIDAD Y MESIANISMO EN LA IDEA SIONISTA DE THEODOR HERZL

ANTONIO HERMOSA ANDÚJAR

A Isaac Rabin, el halcón que quiso ser paloma

En 1897 tuvo lugar en Basilea el primero de los congresos que el sionismo llevaría a cabo en la doblemente fronteriza ciudad suiza, que concluiría con la elección de Theodor Herzl como cabeza de dicho movimiento;[1] a su regreso a Viena, Herzl, que un año antes había publicado *Der Judenstaat*[2], resumiendo los resultados de aquel, le confesaba íntimamente a su diario que acababa de fundar el Estado judío, y qué si no «en cinco, desde luego en cincuenta años ɫtodo el mundo lo podría comprobar» por sí mismo[3].

El 5 *iyar* de 5708 en el calendario judío —14 de mayo de 1948 en el nuestro—, representantes del judaísmo mundial, en cumplimiento de la resolución 181 de 29 de noviembre de 1947 aprobada por la Asamblea General de las Naciones Unidas, hacían pública la Declaración de Independencia de Israel. El vaticinio de Herzl quedaba confirmado; pese a su condición de laico y asimilado, se diría que hubiera heredado las cualidades proféticas que otrora hicieron famosos a sus colegas bíblicos, de quienes se revelaba moderno heredero y competidor. Por lo demás, sus cenizas llegarían a Israel el 16 de agosto de 1949, donde dos días después se celebrarían —en Jerusalén— los funerales nacionales en su honor: la relación entre los dos hechos reseñados quedaba en tal modo indeleblemente marcada[4].

---

1   Acerca de dicho congreso y de los que le siguieron en la misma ciudad, cf. Walter Laqueur, A *Hislory of Zionism,* New York, Shocken Books, 1976, pp. 84-135; Amnon Rubinstein, *From Herzl to Rabin. The Changing Image of Zionism, New* York, Hohnes & Meier, 2000 [citamos por la edición alemana, *Geschichte des Zionismus,* München, GmbH & Co. KG, 2001]; Alex Bein, *Theodor Herzl,* Wien, Fiba, 1934 (reed. en Ullstein, Frankfurt a. M., München, Wien, 1983).

2   Literalmente, *El Estado de los judíos*, pero como nos recuerda Rubinstein (op. cit., p. 27), Herzl estaba de acuerdo tanto con la traducción inglesa *(Jewish State)*, como con la francesa *(État Juif)*. No obstante, el texto se ha traducido de una u otra manera indistintamente, también en la traducción francesa como en la traducción de la traducción (por *El Estado de los judíos* lo vierte Godofredo González en su traducción castellana del texto de A. Gresh y Domínique Vidal *100 claves para comprender Oriente Próximo,* Paidós, Barcelona, 2004. Véase al respecto la voz Herzl, pp. 202-203).

3   Herzl, *Briefe und Tagebücher,* B. 11, Zionistisches *Tagebuch 1895-1899.* Berlín, 1984, p. 539.

4   En su tumba, en la colina que lleva su nombre, tiene hoy por vecino a un ilustre militar y político israelí: Isaac Rabin, el primer ministro asesinado por un

La creación del Estado de Israel puso fin a un sueño, aunque en absoluto a la pesadilla que lo engendró, por maltrecha que la dejara[5]; pero fortaleció otra, cristalizada con el tiempo en un antisemitismo de nuevo cuño, que había empezado a forjarse casi al mismo tiempo que el sionismo desplegaba las velas de su sueño, rumbo a las costas de Palestina, y a consolidarse a raíz de la fundación de la *Jewish Agency* en 1929, institución con la que aquel echaba el ancla definitivamente en las orillas de la realidad: la violenta insurrección que masacró a la comunidad presionista de Hebrón[6] constituiría el juicio formulado por

---

extremista judío ortodoxo a causa de su fe en la paz y su ahínco por conseguirla; y a causa, también, de su intento de refundar el Estado de Israel en una dirección más laica y pluralista, que concedería igualdad de derechos a los árabes israelíes. La distancia temporal entre ambos nombres quizá marque «el trayecto [que va] desde el sionismo eurocéntrico del 1900 al sionismo del entendimiento y la integración regionales que debe ser el del año 2000» (J. B. Cullá i Clará, *El País, 20* de noviembre de 1995), pero ante todo es el trecho en el que el sionismo perdió la inocencia ante el impensado *novum* de un judío asesinando a otro judío por motivos políticos (Eli Barnavi, *Une histoire moderne d'Israel,* París, Flammarion, 1988 [citamos por la edición italiana, *Storia moderna Israele,* Milano, Bompiani, 2002; cf. la entera *Postfazione*, pp. 265 s]; y Rubinstein, op. cit., en especial la introducción, *Basel und Jemsalem*, pp. 14-22, y el último capítulo, específico de la edición alemana, pp. 332 s).

5   Como tampoco se ha puesto fin —al contrario: le seguimos otorgando nuestro *consenso* y aún funciona como *ley* en otros ámbitos aparte del estrictamente económico— a otra alucinación, la encarnada en la racionalidad que valida «el cálculo coste/beneficios como argumento contra los imperativos éticos», y de la que el nazismo hizo tan eficiente uso (Bauman, *Modernity and the Holocaust,* Oxford, Blackwell, 1989, cap. VIII). Añadamos que el programa condensado en el *Nunca Más* con el que judíos y no judíos, pero aquellos sobre todo, respondieron desde un incrédulo horror al Holocausto se ha cumplido; pero las manifestaciones antisemitas no paran de resurgir de sus cenizas (recuérdese la oleada de antisemitismo en Polonia en 1968) y de renovar sus odios y amenazas pese a la erección del Estado judío de Israel (véase la sección específica dedicada a dicho problema en la página web del diario israelí *Ha'aretz,* versión inglesa; cf. también Pierre-André Taguieff, *La nueva judeofobia,* Barcelona, Gedisa, 2003).

6   Según Alan Dershowitz, dicha masacre, ejecutada sobre miembros de una comunidad no integrada ni por sionistas ni por refugiados europeos, «fue la culminación de una serie de masacres de inspiración religiosa a las que deliberadamente incitó el gran Muftí» de Jerusalén *(The Case for Israel,* New Jersey, J. Wiley & Sons, Inc, 2003, p. 42). Tal masacre puso fin también a la idea de inclusión de los palestinos en el futuro Estado judío desarrollada por David Ben Gurion e Itzhak Ben-Zvi en su obra *Israel en el Pasado y en el Presente* (1918) (cf. Shlomo Sand, *La invención del pueblo judío,* Madrid, Akal, 2011, p. 330). La masacre significa de hecho el triunfo de Jabotinsky, quien en 1923, en *La Muralla de Hierro. Nosotros y los árabes,* había profetizado la imposible convivencia entre árabes y judíos, o si se prefiere, que el enfrentamiento trágico

los árabes contra el visible abandono de la isla utópica por el proyecto sionista. Desde entonces, la *cuestión palestina* —o, más genéricamente, *árabe*[7]—, la nueva versión de la cuestión judía, experimentó un giro radical, que se ha traducido en una hostilidad permanente entre los dos linajes de la raza semita, a los que habitualmente ha comunicado entre sí por la violencia y el odio, sin que las ocasionales proclamas en pro de la paz —caso de Uri Avnery, quien predicó en favor de una federación israelí-palestina que abriera las puertas de la concordia a ambos vástagos de la misma raza—, verdaderas prédicas en el desierto, incidieran apenas en el curso de los acontecimientos; por ello, la paz, con sus débiles fuerzas, poca resistencia pudo oponer al fuego cruzado que sobre ella dirigían el boicot, el terrorismo y las guerras. En medio de la continua tempestad, tan sólo algunos hechos puntuales, como el restablecimiento de relaciones diplomáticas entre Egipto e Israel tras el Tratado de Paz firmado en Washington, o bien los Acuerdos de Oslo sellados entre israelíes y palestinos, han llevado algo de calma a las partes en litigio, permitiendo a la paz depositar su semilla de esperanza en el seno de la misma[8]. Quizá la actual *hoja de ruta,* que señala el calendario y los objetivos de la negociación entre la Autoridad Palestina e Israel, llegue a beneficiarse de la desaparición de Arafat, el principal responsable[9]

entre ellos era un destino para el futuro Estado judío (http://www.jabotinsky. org/Jaboworld/newscont.php3?recn=5).

7   Con tales parecidos con la judía, además, que pareció gestarse contemplándose en el espejo judío, al punto de llegar a hablarse de un «neosionismo árabe» (acerca de su formación y de sus semejanzas con el *modelo* original, cf. Barnavi, cit., pp. 206 s).

8   Dichos acuerdos, recientes aún, parecen sin embargo perderse en la noche de los tiempos y son una prueba más de que, como decía Churchill, Oriente Medio produce mucha más historia de la que puede consumir. Pero en su momento, al implicar una especie de vuelta por parte israelí al espíritu de la Partición de Palestina de 1948 —renuncia de Israel a su expansionismo territorial, reconocimiento de la independencia del pueblo palestino y de su legítima aspiración al establecimiento de un Estado propio, concesión de la paridad de derechos a los árabes que permanecen en suelo israelí—, así como el compromiso palestino de poner fin a la intifada, pareció que el entendimiento y la integración regionales se vislumbraban al fin, y con ello la ansiada venida del mesías de la paz a la región (cf. «After Oslo. The Shape of Palestine to come», Middle *East Report,* vol. XXIV, n° 186, enero-febrero 1994, y «Autour de l'accord de paix», *Révue d'Études palestiniennes,* n° 50, invierno 1994).

9   Principal responsable, pero no único culpable: la justicia no dejó de asistirle al pedir reiteradamente, ante el puntual incumplimiento de Israel, del cumplimiento de las resoluciones de la ONU sobre la retirada de los territorios ocupados en la guerra de los Seis Días.

del fracaso de las propuestas de paz de Camp David-Taba, en las que el primer mandatario israelí, Ehud Barak, aceptaba la casi totalidad de las exigencias palestinas, como la capitalidad de Jerusalén, el control de la Explanada de las Mezquitas, la devolución de casi el 95% de Cisjordania y la entera Franja de Gaza, etc[10]. De ser así, y así debe ser —es hora de que la *virtù* de los actuales príncipes, del mundo y de la zona[11], quiera y sepa reconocer en la encrucijada actual la *occasione* que el momento histórico brinda a la paz y, acto seguido, actuar en consecuencia—, es posible que otra más de las tantas máscaras aparentemente ideadas para

---

10   Alan Dershowitz, op. cit., pp. 2-3 y 17-22. Como se sabe, la segunda intifada siguió al citado fracaso, y una estela de muerte y odio la han seguido a ella; en la parte israelí, además, lo siguieron las sucesivas victorias electorales de los conservadores del Likud —salvo el interludio laborista de Barak—, con unos belicosos Netanyahu y Sharon al frente, y el endurecimiento, a veces criminal, de su política hacia los palestinos. Todo ello prepara el terreno mucho más a la venganza, al terror y a la guerra que a la confianza mutua y a la paz; así mismo, la fragmentación del poder palestino en varias manos incapaces de aunarse en una sola voluntad (aunque es verdad que algunas de las señales que nos llegan al respecto en estos instantes convulsos son positivas), y la aún más grave división de métodos y estrategias, tampoco auguran nada bueno al inmediato futuro de la región, y del mundo. Recuérdese con todo que la política es un artista a la hora de fabricar extraños compañeros de cama, que Oriente Medio es tierra donde la razón hace tiempo que abdicó a favor del azar en materia de previsión política, y que la combinación de ambos factores hace más tentadora la predilección del azar por lo imposible.

11   Y de Sharon antes que nadie, pues es su «política de tierra quemada, asesinato selectivo y represalia masiva» (Bastenier, «¿Le cabe a Sharon la paz en la cabeza?», *El País, 2* de diciembre de 2004) la que ha triunfado, dejándolo como único hombre fuerte de la zona. No sólo por ello ha de caber mayor dosis de generosidad en su *virtù* que en la de ningún otro príncipe, sino también porque debe suplir la debilidad en que ha sumido a Palestina el peor vicio del líder Arafat —el propio del megalómano de turno en una cultura política totalitaria—: haber sucumbido al deseo de su pueblo de encarnarse en él, un deseo con cuya aceptación el rais, cual *representante* hobbesiano, dejaba sin vida política al pueblo palestino. Quizá una declaración voluntaria de retirada en Cisjordania hasta el *limes* del 28 de setiembre de 2000, víspera del conflicto actual (cf. Ze'ev Schift, *Haaretz*, 5 de octubre de 2004) constituiría un magnífico adelanto. [Mientras corregimos las pruebas de este escrito se ha celebrado en Egipto la ansiada cumbre entre Abbas y Sharon, que quizá empieza a poner fin a la segunda intifada —la *tercera* está ya en marcha, pero la hacen israelíes contra israelíes, los fundamentalistas religiosos y nacionalistas (los nuevos zelotes, como hoy les llamaría un Flavio Josefo redivivo) a la inmensa mayoría de la población israelí: la amenaza, o se la detiene ya, o puede muy bien convertirse a medio plazo en el jaque mate que concluya el asesinato de Rabin con la desaparición de Israel (cf. el artículo en Ha'aretz de Yoel Marcus del 18 de febrero)—; Sharon ha demostrado comprender que la paz es un valor por sí mismo que, por sí mismo, debe promover medidas en su favor: ha demostrado, pues, que «le cabe la paz en la cabeza» y que ha sido capaz de sorprender a todos, incluyendo a él mismo; como bien decía Ben Gurión, quien en Israel no cree en los milagros es que no es realista)].

que la hipocresía rinda homenaje a la necesidad acabe siendo instrumentalizada por la esperanza con unos designios que sí estaban en la boca de quienes la idearon —Estados Unidos, la Unión Europea, Rusia y la ONU—, pero no parecían estarlo en la voluntad de quienes debían atenerse a ella, en la de Sharon especialmente, según se pone de manifiesto ya en la primera de las catorce reservas con las que pretende condicionar la aplicación de la hoja de ruta.

Pero reanudemos el camino antes de sucumbir a la tentación de desviarnos del mismo. *Al principio fue la violencia,* cabría decir parafraseando libremente a Goethe[12], cierto, pero no la violencia árabe contra los judíos emigrados de Europa hacia Palestina. Sin duda, el regreso al *hogar* judío por excelencia está escrito en los libros religiosos de tal pueblo, que desde el exilio —la pena máxima impuesta por su Señor al pueblo pecador— espera con la redención el retorno a la tierra prometida; pero el imperativo seguido al emprender la dura *aliya*[13] (*subida,* o *regreso)* a Palestina no era de naturaleza normativa, sino física: no se trataba de salvar el alma cumpliendo con esa parte de la milenaria preceptiva religiosa, sino de salvar la vida huyendo, una vez más, de los circunstanciales pogromos y autos de fe con los que, en esta ocasión, rusos y polacos ejercitaban su tolerancia[14]. De no ser por eso, la copa de la nostalgia se habría continuado alzando ritualmente cada año brindando por beber el año próximo en Jerusalén. Dicha emigración, por tanto, lejos de ser una cruzada colonial en toda regla, como ciertos antisionistas han sostenido, fue un simple *corrimiento de tierras* con el que

---

12 Goethe, como se sabe, dice *Tat* «acción». Y al hablar de Herzl vale la pena recordarlo, pues en esa «voluntad de acción» puesta en obra en aras de una solución política de la cuestión judía se ha visto, tanto algo «rotundamente nuevo», «abiertamente revolucionario en la vida judía», como «la grandeza imperecedera» de su obra (Arendt, *El Estado judío cincuenta años después* [en *Una revisión de la historia judía y otros escritos,* Barcelona, Paidós, 2005], p. 64).

13 La primera se inició en 1882 y concluyó en 1903; otras cuatro seguirían, pero ya claramente sionistas, antes de la fundación del Estado de Israel. La violencia antisemita estará presente detrás de todas ellas.

14 Por otro lado, dos milenios de vida errante, habían hecho que la ortodoxia se saliera de los genes de los judíos dejando libre su voluntad: ejerciendo entonces su deseo de emigrar a otras tierras, quizá menos santas pero más seguras (a excepción de los *hassidin* —ultraortodoxos— supervivientes al Holocausto, que no emigraron a Israel por considerarlo un proyecto secular y eligieron como destino los Estados Unidos); así, en la misma época en que unos diez mil judíos de Europa oriental emigraban hacia Palestina, casi un millón lo hacía rumbo a Estados Unidos, y una cantidad intermedia zarparía muy poco después hacia Argentina (con todo, parece que hacia 2020 ya habrá más judíos viviendo en Israel que en la diáspora, según Rubinstein, cumpliéndose así, más de un siglo después, otro de los objetivos sionistas; op. cit., p. 320).

los amenazados intentaron sacudirse las amenazas, aunque el refugio elegido como lar tuviera de ventajoso el haberlo sido antes de sus antepasados y el seguir siéndolo todavía, dos milenios después, de un buen número de judíos que, en algún caso, nunca dejaron de habitar sus cuatro ciudades sagradas: Jerusalén, Hebrón, Tiberíades y Safed. Con todo, la «mística de la tierra» que precedía su ocupación desde las creencias, se revelaría con el tiempo como un «peligro mortal» al acabar dictando la «política territorial de Israel[15]»; el gran mago que es la realidad gusta de sacar de la chistera de las promesas, provengan de la divinidad o de la historia, un nacionalismo expansionista e imperialista ya bendecido de antemano.

Tampoco fueron expediciones coloniales las organizadas más tarde por el sionismo político[16], que pese a la afirmación herzliana antevista no se planteó de manera firme hasta después de la Primera Guerra Mundial la implantación de un Estado judío en Palestina, contentándose hasta entonces con la idea de un *hogar* judío donde hallar seguridad[17], deseo al que la Declaración de Balfour de 1917 había otorgado la primera victoria jurídica. El cambio, por lo demás, estuvo determinado por el carrusel de odio y muerte puesto en movimiento poco antes en Bielorrusia y Ucrania, y concluido con ese monstruo nuevo en la historia, el nazismo[18], a la postre el más inesperado y poderoso aliado

---

15   Zeev Sternhell, *The Founding Myths of Israel,* Princeton Universily Press, 1998. Véase el epílogo.

16   Incluso un crítico del sionismo oficialista actual como Sternhell, que no ve en el Estado de Israel sino «un producto clásico del nacionalismo moderno», a imagen y semejanza del manifestado en Europa Oriental y en el Tercer Mundo, y considera llegada para Israel la hora de convertirse en un Estado realmente liberal, o sea, de renunciar a la religión como elemento definidor de la identidad estatal judía, afirma que «el "nuevo judío" era un combatiente y un conquistador que tomaba posesión del país merced al trabajo duro, al ilimitado sacrificio personal y a la fuerza de sus brazos», op. cit., Pref. No parece ese un colono muy *colonial.*

17   Ya Pinsker había proclamado la urgencia del mismo ante la constatación de que el antisemitismo era una «disposición hereditaria» de Europa, y de que ante ella de nada servía ni ser paria o asimilado (el *parvenu* de Arendt, cuya salvación, siempre individual, nunca le sale gratis: al punto que, con el andar del tiempo, en el *refugiado* judío el *parvenu* volverá a reunirse con el paria en la misma pieza humana) a título personal ni la proclamada emancipación a título colectivo. Antes o después, pero con total certeza, al judío se le recordaría su condición, un recuerdo que es la profecía de una amenaza que se cumple (cf. Barnavi, op. cit., p. 16). El caso Dreyfus obraría un efecto similar sobre la conciencia de Herzl.

18   No deja de ser significativo que Arendt, que lo vivió y conoció por dentro, llegara a pensar que ese dechado del mal fuera aún superable; de hecho, en su libro sobre el totalitarismo ya entrevé la silueta del nuevo mal, cuya caracterización

que encontraría el sionismo político a la hora de concretar su programa estatalizador[19]. Al respecto, vale la pena recordar, por un lado, que el naciente nacionalismo árabe, lejos de pronunciarse al principio contra el nacionalismo judío, simpatizó con él[20], y que las oleadas inmigratorias de 1904 y 1919 fueron facilitadas porque el plan de compra masiva de tierras por los inmigrantes fue posibilitado por la venta de las mismas —a pesar de la prohibición británica contenida en sucesivas ordenanzas emanadas entre 1920 y 1940— efectuada por sus propietarios, árabes palestinos en su mayoría ávidos señores feudales absentistas adoradores del becerro de oro. Y, por el otro, que formaba parte del plan de asentamiento el que tan singulares colonos sin metrópoli ni patria, mas armados muchos de «rastrillos y azadas», una vez entrados en posesión de la tierra recién adquirida, la cultivasen directamente y no pudiesen venderla: doble prohibición legal esa que reforzaba la posesión[21].

Con todo, las perspectivas de una —quizá inminente— fundación de un Estado judío no se corresponden, ni de lejos, con las vicisitudes experimentadas por este una vez fundado. Ni las ideas, ni las pretensiones de Herzl aspiraban a un enfrentamiento, interno o externo, con los árabes; nunca concibió que los judíos, aunque no se hiciera una idea sublime de ellos, pudieran actuar contra los palestinos de tal modo que estos terminaran convirtiéndose en los *judíos* del Estado judío, y no sólo porque *creyera* en la ficción de una Palestina despoblada, o por los

---

plena la obtendremos en *La condición humana,* cuando nos desentrañe el pleno significado que acompaña a la sociedad de masas (acerca de las ideas de Arendt, tanto sobre los problemas apuntados en la nota anterior como en esta, cf. Pitkin, *TheAttack of the Blob,* Chicago- London, The University of Chicago Press, 1998, caps. II y IV, y V y VI respectivamente).

19   Sobre la repercusión del mismo en el devenir inmediato del sionismo, cf. Rubinstein, op. cit., cap. V

20   Barnavi, op. cit., p. 141.

21   Según se ve, ni el mito del sionismo radical, sintetizado en la célebre frase de M. Nordau «un pueblo sin tierra para una tierra sin pueblo», aunque acuñada por Lord Shaftesbury en 1884, para el cual Palestina era una tierra vacía a la espera de manos (judías) redentoras, mito todavía defendido por una historiografía aún no lejana (cf. Diner sobre Israel, en *Das Zwanzigste Jahrhundert III. Weltprobleme zwischen den Machtblocken,* B. 1-3, Frankfurt, Suhrkamp, 1981); ni el mito palestino, opuesto e igual de radical, de la existencia de un pueblo —o, incluso, de una *nación* palestina desplazada por una supuesta invasión sionista—, son verdaderos. Palestina, sin duda, estaba poblada, pero entre sus moradores, además de árabes, y de judíos, los había también armenios, turcos, griegos, etc. (para una profundización en la información histórica apuntada, el lector puede consultar los textos de Dershowitz, op. cit., Intr. y caps. I-III; Barnavi, op. cit., caps. I y V-l; Heirman, op. cit., caps. I y X).

ojos europeos con los que su mente nunca cesó de mirar el mundo[22]: también la imaginó poblada después de los primeros asentamientos por varias razas y confesiones religiosas, sin pedir por ello preeminencia para la suya. Tampoco buscaba otra cosa que paz, pese a alguna que otra declaración altisonante y etnocéntrica, en sus relaciones con los países del entorno (del que el cada vez más débil Imperio otomano dejaba predecir su transformación en Estados nacionales árabes). A decir verdad, sus reales ideales aparecen *mutatis mutandis* frisados en las enaltecedoras palabras de la citada Declaración de Independencia: «igualdad completa de derechos sociales y políticos a todos sus habitantes, sea cual sea su religión, raza[23] o sexo (...)», en el interior del país; y, «para los países vecinos […] un ofrecimiento de paz y de buena vecindad... para establecer vínculos de cooperación y ayuda mutua[24]», etc. Son esos ideales y los medios de llevarlos a cabo —tan disímiles en términos generales, insistimos, al curso real de la historia del Estado judío—, así como la valoración del entero proyecto, lo que ocupará el resto de nuestro trabajo.

---

22 De hecho, siempre conectó la presencia judía en Palestina con el florecimiento de los árabes, idea fija que el sionismo convertiría en marca de la casa, como dos décadas más tarde subrayaría el mismísimo Ben Gurion (cf. A. Rubinstein, op. cit., pp. 87-88).

23 Herzl no alude a la raza —tampoco al sexo—, sino a la «religión» y a la «nacionalidad»; pero promete igualdad de derechos y tutela para todos los que habiten en el nuevo país (cap. V). No hay, pues, cabida para la discriminación jurídica negativa de la diversidad en el Estado judío, pues la tutela de la libertad religiosa para el musulmán abraza su probable condición de árabe.

24 *Declaración de Independencia de Israel.* Conviene asimismo añadir que esa mano tendida por Israel los países árabes la recogieron en forma de guante de desafío, al punto que todavía en la Conferencia de Jartum (1967) proclamaron bien alto su «no a la paz con Israel»; que la Carta Nacional de Palestina (adoptada en julio de 1968) aún seguía considerando «nulos y sin valor […] la partición de Palestina en 1947 y el establecimiento de Israel» (Art. 19); y que el Séptimo Consejo Nacional Palestino, reunido en Ammán en mayo de 1970, terminaba declarando en su duodécimo punto que «el objetivo de la revolución palestina es la liquidación de la entidad sionista de Israel, con sus diversas instituciones» (nótese empero que las amenazas eran siempre proferidas contra el Estado de Israel, no contra los judíos como tales: hasta que el terrorismo ha cambiado los sujetos, y hasta los escenarios, de la confrontación: ahora ya la matanza de civiles judíos garantiza el paraíso, y lo garantiza se cometa donde se cometa: es la «deslocalización de la intifada», como corresponde a una era global, que permite celebrar la fiesta por el asesinato de judíos tenga este lugar en Argentina o en Turquía, no sólo en Palestina; cf. Ulrich Beck, «El nuevo antisemitismo europeo». *El País,* 23 de noviembre de 2003). Cf. César Vidal, *Textos para la historia del pueblo judío,* Madrid, Cátedra, 1995, pp. 292-298.

La persecución de los judíos, tenaz y feroz a pesar de los remansos de convivencia y aun fructífera cooperación más o menos duraderos que aquí y allá han ido salpicando el curso de la historia; esa persecución[25], decimos, compone una de las más brillantes páginas de la *ignominia*[26] escritas por Occidente. Cuando ya Herodoto se deshiciera en elogios a los escitas, Esquilo a los persas, Platón a los egipcios, Aristóteles a Cartago; cuando ya Pericles declarara a Atenas modelo accesible a griegos y bárbaros por igual, e igualmente Isócrates eligiera la cultura por señas de identidad de la raza helena, en lugar de la etnia, y proclamara su aprendizaje y su universalización; cuando incluso los romanos habían predicado con el ejemplo la tolerancia entre las religiones politeístas, el levantamiento por la civilización occidental de un altar casi bimilenario al dios del odio, al que ofrecer permanentes sacrificios —de judíos[27]—, se hace tanto más difícil de entender cuanto que la cultura guarda memoria de sus tesoros, y una cierta tradición de libertad, un afirmado respeto a la sabiduría ajena y hasta una creciente extensión de la igualdad pronto fueron valores acreditados en su patrimonio. Pero dentro de los espacios del espíritu, el ámbito de la fe monoteísta ha sido probablemente el más avaro a la hora de preservar su pureza, el más orgulloso en proclamar su dios, el más fiero en difundir su credo: el menos propenso a aceptar otra salvación[28]. Con todo, si las formas

---

25 Pinsker esculpió su significado con palabras imperecederas: «El judío es considerado por los vivos como un muerto, por los autóctonos como un extranjero, por los indígenas sedentarios como un vagabundo, por los acomodados como un mendigo, por los pobres como un millonario explotador, por los patriotas como un apátrida, y por la totalidad de las clases como un despreciable competidor. Ese antagonismo es una ley general» (citado por Barnavi, op. cit., p. 16).

26 El vocablo, de volteriana memoria, es sin embargo de Napoleón, quien lo incluye en su *Proclama de emancipación de los judíos* lanzada en su campaña de Egipto (la citamos por el libro de Sharon R. Keller, *The Jews*, N. York, 1992, pp. 164-165).

27 Al judío se le ha acusado de todo y se le ha perseguido por todo. No sólo por deicida o por traidor, etc., sino también por no ser cristiano y por serlo: en la España cristiana, recuérdese, se le persigue por judío antes y por cristiano después; de nada le sirve la conversión en un país que se inventa, nada menos, que un cristiano *viejo* con el que discriminarlo primero y, cuando llega la hora, de nuevo perseguirle. Con todo, para una visión más global de la cuestión, cf. Elie Kedourie, ed., *Los judíos de España*, Barcelona, Crítica, 1992; y Pere Bonnín, *Sangre judía*, Barcelona, Flor del Viento Editores, 2001.

28 En materia de intolerancia y de violencia también el judaísmo ha dejado su huella en la historia, al igual que las otras dos grandes religiones monoteístas; piénsese, por citar un caso antiguo y prescindiendo aquí de ese primer manual

adoptadas por el proselitismo religioso, con su secular culto a la violencia para imponer su paz, abren una herida difícilmente cicatrizable en pleno corazón de la cultura, cuando la condición humana pierde definitivamente su apellido es al comprobarse que, al final de siglos de ilustración, laicismo y progreso, hay todavía espacio para ejecutar el más siniestro plan jamás concebido: la extinción, científicamente programada, de una raza[29]. Será ese nuevo aspecto del odio, esa especie de odio racional, por parafrasear libremente a Bernard Lazare, ese nuevo y laico *antisemitismo,* tan diverso del antijudaísmo teológico, como también señalara Arendt[30], lo que conduciría a Herzl, perspicaz y adelantado denunciante de un fenómeno que conduciría hasta los campos de exterminio nazis, a buscar una solución política a la impenitente cuestión judía.

La idea de un Estado judío no coincide en todo con la idea de recuperar Sión para el pueblo israelita, como lo demuestran las acusaciones de hereje y de soberbia recibidas por el escritor vienés de labios de numerosos judíos ortodoxos. La solución política a la cuestión judía, en efecto, y pese a la afirmación inicial de Herzl de estar desarrollando una idea «antiquísima», había empezado a abrirse paso sólo en la

---

de genocidios que es el *Libro de Josué,* en los hermanos Macabeos, aludidos sin embargo simbólica y positivamente por Herzl (Judas Macabeo, dice de él A. Momigliano, «es el modelo de guerrero judío, fiel a las leyes de su pueblo y despiadado con los enemigos de su nación...» [en *Páginas hebraicas* (sic), Madrid, Mondadori, 1990, p. 85]; no obstante, Momigliano añade que si bien la *ética* del libro II de los Macabeos, de cuyo comentario hemos extraído la cita, «es nacionalista», no por ello «es exacerbada»: y ahí reside —apunta— parte de «lo nuevo» que hay en él (p. 86); debería quizá haber recabado la opinión de los idumeos, cuyo reino fue conquistado por un sobrino de Judas, Ircano, que obligó a todos sus habitantes a convertirse al judaísmo (cf. Dan y Lavinia Cohn-Sherbok, A *Short History of Judaism,* Oxford, Oneworld, 1994, IV-3). Y si fuera nuestro deseo apelar a un ejemplo reciente podríamos recordar el ya citado de Rabin que, en palabras del rabino A. Soleveichik, «constituye la mayor catástrofe que desde la destrucción del Segundo Templo ha caído sobre nosotros» (citado por A. Rubinstein, op. cit., p. 325).

29   Toda esa odisea del mal cabe en una palabra, Auschwitz, razón por la cual siempre será obligatorio deambular por ese reino, desde donde la memoria custodia la parte vital del pasado que no fue y, por ello, gobierna la filosofía (cf. Reyes Mate, *Por los campos de exterminio,* Barcelona, Anthropos, 2003).

30   *Los orígenes del totalitarismo,* Madrid, Taurus, 1999, p. 13. Arendt llega ahí no sólo a negar la identificación de ambos, sino incluso a poner en tela de juicio la filiación del segundo —el antisemitismo— respecto del primero, el odio religioso al judío. Cf. también de la misma Arendt *Herzl y Lazare* (en *Una* revisión..., cit.), pp. 53-59, donde realza las diferencias existentes entre ambos sionistas de pro.

segunda mitad del siglo XIX. Los recientes acontecimientos históricos la reclamaban como única posible, por lo cual, aun sin citarlas, otras propuestas modernas —la constitucional de Mendelssohn[31], la socialista de Marx[32], por señalar dos significados casos— quedaban ya desfasadas en cuanto sobrepasadas por aquellos. Una solución como la de Mendelssohn, que aspiraba a la integración social al tiempo que preservaba la fe judía, demostraba ser hija de la ilusión, en el sentir de Herzl, pues dejar en pie al ciudadano judío en la sociedad era mantener viva la llama del odio en el corazón cristiano, como los hechos, antes y después de la emancipación, se habían encargado de revelar; una solución como la marxiana, que aspira a disolver la cuestión judía en la cuestión social —para la que sólo el comunismo tenía respuesta—, esto es, disolviendo al judío, significaría para el periodista austríaco renegar de la existencia del pueblo judío como tal, es decir, renegar de la historia —tan invocada por aquel como dispensadora de conocimientos seguros, por cierto—, pues esta había dado pruebas suficientes de la voluntad de dicho pueblo de pervivir: la fe de los antepasados más el odio enemigo había sido el doble vínculo que le habría mantenido en la existencia.

Un Estado judío constituía para Herzl el modo de preservar, frente a un Marx, al pueblo judío, preservándole al mismo tiempo, frente a un Mendelssohn, del odio antijudío, que su existencia en tierra *extraña* le garantiza de por vida[33]. Un Estado judío era necesario, porque ya

---

31   Mendelssohn llegó a esa meta tras pasar por la crítica de la síntesis entre política y religión que era la señal indeleble del «judaísmo primitivo»; por lo demás, su exposición no deja de ser ambigua, tanto respecto de la religión judía como del propio Estado, ya que no concibe la política separada por completo de la religión y esta ha de volverse genérica, es decir, sin consideraciones a los cultos específicos, para poder inspirar a aquella (cf. su *Jerusalem*, en la excelente traducción de J. Monter Pérez, Barcelona, Anthropos, 1991, pp. 33, 89, 245 s y 277). Añadamos una cosa más; al hacer profesión de fe constitucional Mendelssohn, el probable modelo de Lessing para su *Natán*, predica una doctrina semejante a la desarrollada por su amigo en dicha obra en un ámbito más personal (y otra cosa aún: el regalo de Lessing a su amigo contenía un caramelo envenenado, pues la elevación del judío Natán a modelo de individuo —sencillez, tolerancia, ilustración, etc.— se hace a costa de denigrar a los judíos; cf. *Natán el Sabio*, Acto 11, Esc. 3).

32   El mal de la religión se cura en una sociedad verdaderamente libre, en la que todos los individuos se hallen realmente emancipados: y eso sólo es posible allí donde la sociedad ha perdido la fe en el dios real de los judíos —«no el del Sabbat», dice Marx—, a saber: el dinero (cf. *La cuestión judía*, Parte II, Madrid, Santillana, 1997).

33   Con este broche político se cerraría para la nación judía su eterno transitar por los innumerables recovecos de la historia y reinauguraría la propia, pensaba Herzl,

Napoleón les había otorgado la emancipación política, sin que esta, en absoluto, llegase a campear sobre el airado titán en el campo de batalla del corazón cristiano: ahora aquel veneraba a otro dios, el antisemitismo, del que el caso Dreyfus sería su *irreverente* profeta. De nada, en efecto, había servido a los «legítimos herederos de Palestina», como les llamaba Napoleón —ese aspirante a Dios a quien, pareciéndole quizá algo fuerte el título se autodesignó sólo como «enviado de la Providencia»—, acabar gracias a su generosa y preimperial mano con el oprobio de «dos mil años de opresión» recuperando «su existencia política como nación entre las naciones», así como «su derecho natural e irrestricto a adorar a Yahvé de acuerdo con su fe[34]»; la proclama napoleónica quedaría, sin embargo, en letra muerta, porque el *pueblo* que ahora surgía netamente diferenciado en medio de la nación general, y el ejército de «inteligencias medias» que mayoritariamente lo integraba, encarnaban a la vez un doble desafío: a la homogeneidad cultural del Estado nación, por un lado, y a la restante clase media sociológica por otro. Inasimilación, remontable hasta la Edad Media, e inmovilidad social[35], porque el grueso de dicha tropa tenía su destino sellado a su actual condición, constituían respectivamente, según Herzl, las causas «próxima» y «remota» de la renovada pasión antijudía. La ley, pues, no había entrado en los santuarios subjetivos de la conciencia ni del sentimiento; a lo máximo que había accedido el rencor era a cambiar de personalidad al objeto de acomodarse también él a los tiempos; ahora era laico y no teológico: *antisemitismo*, decíamos, y no el antijudaísmo tradicional. Su musa era la raza en lugar de la religión[36].

---

quien de este modo incorporaba un rasgo más de la modernidad a su doctrina, a saber: el de los procesos colectivos de autodeterminación (que presentaron diversas modalidades y que coexistieron con los individuales, compartiendo con ellos el carácter construido, en lugar de dado, de la identidad, como bien ha puesto de manifiesto Lafer, *Identidad individual e identidad colectiva: el judaísmo y los dilemas de la modernidad* [en Ensayos liberales, México, FCE, 1993, pp. 268-274], citando a Kriegel). Un Estado judío daría a la temporalidad de la historia judía la oportunidad de ser también ella lineal, es decir, de dejar de ser la historia transversal de Occidente, y alrededores

34   Keller, op. cit., *ibidem*.

35   *Inmovilidad* no porque no pudieran moverse en ninguna dirección, añade Herzl, sino porque no podían hacerlo en ninguna dirección aceptable: hacia arriba aumentarían un ya temido y considerable poder financiero; ni hacia abajo, porque allí aguardaba otro monstruo de la época, el de la proletarización, al que sólo fines subversivos apaciguaban.

36   Es verdad que la raza no es la religión, pero no es menos cierto, cuando se mira en profundidad, que ambas acaban encontrándose en un punto: la religión,

El *affaire* Dreyfus se encargaría de hacer visible hasta qué punto ese dios tenía consagrado un altar en el pecho de tanto no judío. El corresponsal en París del diario vienés *Neune Freie Presse* pudo deambular con conocimiento de causa por los sórdidos vericuetos que en doce años, de 1894 a 1906, transformarían lo que debía ser un simple caso personal de espionaje en un psicodrama colectivo, protagonizado por la entera sociedad francesa —una de las, paradójicamente, más sensibles a la asimilación judía, merced a la propagación de los vientos revolucionarios y emancipatorios del siglo anterior durante gran parte del XIX—, compelida por medio de un tratamiento de choque al ensayo de exorcizar públicamente sus demonios.

La cosa estaba clara: el hallazgo de posibles indicios de traición a la Patria pedía a gritos la condena del culpable, y el solícito coronel Sandherr tenía uno a mano, pues era virtud suya el reunir dos de los requisitos que en determinadas circunstancias pueden hacer de un tipo algo raro, como se decía del intachable oficial Dreyfus, un culpable *a priori*: era alsaciano y judío: ¡y a la vez, repetimos! Señalado el chivo expiatorio, al olor de la carnaza la jauría del llamado cuarto poder se desata en pos de la presa, y la conclusión se presenta sola: ¿cómo no iba a ser culpable, si era judío[37]? La politización del caso es inmediata: el Estado Mayor que acusa; el ministro de Defensa que —en defensa de las acusaciones que se le dirigen— acusa; el gobierno que, habiendo de elegir entre uno de los suyos y un oficial del ejército, acusa; la opinión pública que acusa: y el Tribunal que, cumpliendo órdenes, y a falta de pruebas, sentencia y condena. Degradación, confinamiento y ulterior deportación. Nuevos hechos solicitan su revisión: y, como antes, la infamia suplantando el lugar de la justicia; militares, católicos y nacionalistas forman una masa sola, la pólvora de palabras como *canalla*, *judas* o *sucio judío* estalla en el seno de una entera comunidad golpeándola colectivamente. Entre los laicos también se reacciona; un hermano del inculpado que compra justicia entre ciertos poderes porque no se le regala en los tribunales; un escritor que primero defiende a la citada comunidad de la histeria colectiva de sus *conciudadanos* y luego al encausado, acusando por su cuenta y, sobre todo, riesgo incluso al mismísimo presidente de la República; un oficial honesto al que ciertos indicios le inducen a averiguar trazas del

<hr />

al cerrar el horizonte de cambio del judío, acaba por convertir en biológica su primeriza condición cultural.

37   Para una completa información sobre el tema, cf. Revel, B., *L'affaire Dreyfus*, Milano, 1967, así como Arendt, op. cit., Part. 1, cap. 4; Jochimsen, op. cit., cap. V; Calimani, *Storia dell'ebreo errante*. Milano, Rusconi, 1995, cap. XXVIII.

culpable en otra dirección, el hermano anterior que acusa a la causa de los anteriores indicios: y esta, el mayor Esterhazy, que al final confiesa su culpabilidad. Otro juicio: otra condena más; repetición de las oleadas de entusiasmo por la renovación de la misma, repetición de las protestas por los soldados de la inocencia y nuevo final: amnistía para los implicados, entre los que se hallaban el escritor y el probo oficial[38] Y nuevos hechos: el condenado que acusa a la amnistía de haberle considerado culpable y logra ser excluido de la misma[39]; búsqueda de más pruebas de inocencia, de otra revisión del juicio, subida hasta la arena política con ese objeto y el último final: descubrimiento de que la letra *D* de la acusación no era tal, sino una *P*. Reapertura del sumario, sentencia firme: rehabilitación del oficial francés en 1906[40].

Es posible que el caso Dreyfus no aportara consigo novedad alguna sobre la condición de los judíos, mas con todo es difícil sintetizar en un solo hecho más siglos de historia y, contemporáneamente, una más completa radiografía del espíritu de la sociedad francesa. Todas las instituciones unidas contra el enemigo interior, todas las clases unidas contra el enemigo interior, todas las ideologías unidas contra el enemigo interior, y ese enemigo interior, el judío, no era sino un conciudadano más, culpable de enriquecimiento y de cosmopolitismo ante los ojos de aquella, que al no poderlo acusar moral ni legalmente de deicidio o de crimen ritual, como sus antepasados medievales cristianos —no sólo franceses—, lo acusaba intelectualmente de ser semita y causa de la decadencia moderna: las Luces, tanto tiempo encendidas, seguían sin iluminar esa oscura región del alma, europea[41] y no euro-

---

38 Que, mientras tanto, y tras sus pesquisas uno y sus manifestaciones el otro, habían dado con sus huesos en prisión (de la que Zola, el escritor aludido, para librarse la segunda vez hubo de huir a Londres): ¡y es que la justicia nunca se politizará en vano!

39 En imperecedera lección de dignidad el condenado había escrito en sus memorias: «el derecho del inocente no es la clemencia, sino la justicia... Yo suplico al Senado que no me prive del derecho a la verdad, a la justicia».

40 Si el lector no se hace con el resumen anterior un cuadro completo del entero proceso puede sin ningún temor achacar al autor del presente estudio toda la responsabilidad por las insuficiencias que halle en él (de estas brillan por su ausencia sobre todo las referentes a las reacciones en el mundo judío, mucho menos insolidarias de lo que cabría predecir). Aun así, el lector convendrá con el autor que resulta más que suficiente para hacerse una cabal idea del estado de opinión y de la condición moral de la sociedad francesa, sin duda entre las menos intolerantes de la época. Y, pese a todo, resulta difícil concebir que alguien haya podido en cualquier otra parte penar más por una letra.

41 Y contra el que da rienda suelta a sus instintos homicidas a la menor ocasión,

pea[42], que siempre tiene a mano un judío culpable para la última peste o para hacer sucio el juego de su interés.

Sea como fuere, apenas iniciado el caso, Herzl supo captar el significado cultural[43] del mismo, y extraer de ello una conclusión única para

---

como el lector constatará en la lectura del libro de Taguieff o de gran parte de los artículos aparecidos en *Ha'aretz* que citáramos en una nota anterior (cf. por ej. el de Amnon Rubinstein, de 31 de marzo de 2004, en el que comenta las manifestaciones antisemitas del mundo árabe y musulmán, a comenzar por las del mismísimo primer ministro de Malasia); cf. igualmente el reciente informe de W. Bergmann y J. Wetzel acerca de las manifestaciones de antisemitismo en la Unión Europea, llevado a cabo por el Center for Research on Anti-Semitisin de la *Technische Universität* de Berlín a petición del *European Monitoring Centre on* Racism *and* Xenophobia; así como el comentario que mereció a W. A. Perger en *Die Zeit* (www.zeit.de/2004/14/ Antisemitismus Studie). Pero en medio del fondo común de ruindad moral es menester asimismo rescatar los faros del humanismo, como Dinamarca, uno de los nombres que antes acuden al labio de la civilización, por parafrasear a Ortega y Gasset, cuando habla de humanidad (es lo que ya hiciera H. Arendt en su discurso de agradecimiento al recibir el Premio Sonnig por su contribución a la civilización europea; cf. su *Prologue,* pp. 5-7 [en *Responsibility and Judgement,* New York, Shocken Books, 2003, con espléndida introducción de J. Kohn]).

42   En complemento de la nota anterior es menester destacar que, hoy día, el resurgido antijudaísmo es más bien de origen árabe, y que salvo para grupúsculos aislados no cabe hablar de antijudaísmo europeo a gran escala; este último tiene su fuente en la crítica de la política israelí y en la compasión que despiertan los sufrimientos de los palestinos, víctimas de su violencia: un *antiisraelismo* ese con dos lecturas, la interesada del gobierno israelí —el antisemitismo sigue siendo connatural a los europeos, por lo que los judíos sólo estarán seguros en Israel (el lugar de *Occidente* donde, paradójicamente, más inseguros están hoy)— y la *apasionada* de la opinión pública europea, en la que su crítica de la política israelí se desliza de manera imperceptible hacia el antisemitismo, sencillamente porque el corazón es incapaz de frenarse ante las distinciones que traza la cabeza (cf. Edgar Morin, «Antisemitísmo, antijudaísmo y antiisraelismo», en *El País,* 24 de abril de 2004). En cambio, el antijudaísmo árabe, que pudo un día haber sido también una protesta contra la política israelí, hace tiempo que se osificó en odio —con la propensión imperialista y unifomizadora que tal pasión ejerce en el interior del alma humana— y se transmutó en antijudaísmo sin más (que hoy tiene su equivalente en los colonos judíos de Judea, Samaría y Gaza, antipalestinos sin más, y actúan bajo el mismo motto político: el fin justifica los medios, lo que vuelve sagrada la muerte del otro); para lo cual echó también mano de una de las enfermedades endémicas del islamismo: su «incapacidad [para] interrogarse sobre sus propias carencias, sobre sus propios fracasos, su ineptitud para la crítica y la autocrítica», lo que convierte a Occidente y, aún más, a Israel en culpable de las culpas de aquel. Por ello, concluye Finkielkraut, «el antisemitismo permanecerá, sea cual sea la política israelí» (*El País,* 28 de diciembre de 2003).

43   He aquí un balance del mismo: «Dreyfus es tan sólo una abstracción. Es el judío que, en la sociedad moderna, ha intentado amoldarse a su ambiente, hablar su

la cuestión judía: el establecimiento de un Estado judío. Una solución esa que era la sola por intentar en el firmamento histórico, que compartía con la creencia tradicional del regreso a Sión —consagrada en la fórmula augural "El año que viene en Jerusalén"— una cierta veneración por el suelo primordial, aunque muy poco del orden por establecer en él, y que se constituyó en respuesta al perpetuo fracaso de la asimilación y a las dificultades de nuevo cuño puestas por la contemporaneidad al ser y al quehacer judíos, y que supuso una confrontación completa en el interior de este mundo[44].

Si el sionismo, una concepción que es simultáneamente teoría y práctica, ideal y movimiento[45], cerraba para Theodor Herzl, en los diversos sentidos del término, la cuestión judía, los elementos elegidos para solucionarla demostraban la filiación contraída por el entero proyecto con la modernidad, que se hacía notar ya desde el punto de partida: los fracasos de la emancipación y la asimilación que impulsaron a imprimirle una nueva dirección. El papel desempeñado por las instituciones, el vínculo mediante el cual la moralidad se unía a ellas, el significado de la racionalidad como moneda de valor y, sobre todo, el puesto que una variante de esta última, la técnica, jugaba a lo largo y ancho del mismo, como también la solución política finalmente adoptada —la realización del Estado nacional judío que finalmente dotara de normalidad a la historia judía[46]—, así lo expresan. Su magnitud pronto hizo que se le considerase una utopía más entre las tantas con que los sueños protestan contra la realidad, pero su autor desde un principio mostró su desdén hacia semejante consideración. Presentaba, es cierto, rasgos reconocibles en las utopías, como eran la propia envergadura de la obra y la planificación racional que se extendía del todo a las partes, la cual infundía a la criatura, el Estado judío, su carácter unitario (pese a

---

lenguaje, pensar sus pensamientos, coser sus galones a su uniforme; y al que de nuevo le han arrancado los galones a la fuerza. Dreyfus significaba una posición por la que se había luchado y que, ¡desengañémonos!, se ha perdido» (en Jochimsen, op. cit., p. 79).

44 R. Calimani, op. cit., pp. 541 s.

45 Es también mucho más, pues continúa a la par que acaba la historia del pueblo judío, pensándose como vástago de una tradición religiosa a la que quiere redimir laicamente, pensado por intelectuales asimilados de Occidente y seguido fideísticamenle por judíos de los guetos rusos y polacos, quienes mostraban más ilusión por establecer una nueva patria socialista que por resucitar la añeja patria sacra, etc. (Barnavi, op. cit., p. 19).

46 La normalidad entrañaba para el sionismo un doble regreso: el de los judíos a la tierra prometida y el de Israel a la comunidad de las naciones (cf. Rubinstein, op. cit., cap. II).

ser declarado heterogéneo). No obstante, el realismo no abusaba de su poder al reivindicar la tutoría. En primer lugar, centraba gran parte de sus disquisiciones no sólo sobre cómo *deber* ser, sino sobre cómo *llegar a* ser, y el problema de la transición, se sabe, es el terreno abandonado desde siempre por aquellos aspirantes ilegítimos; de manera análoga, la confesión de que sin apoyo material de la comunidad internacional — de ahí la perpetua trashumancia de su autor en búsqueda de interlocutores válidos, desde el sultán turco a su graciosa majestad, pasando por la *république* del oeste o los imperios del este[47]—, así como las negociaciones para granjeárselo, en poco relacionan el proyecto sionista herzliano con el autárquico narcisismo de la isla utópica[48].

Tampoco el método quiere saber mucho de esas filigranas espacio temporales; de hecho, el gran problema a resolver para el citado proyecto, el traslado «sin coacción» de los futuros habitantes al nuevo territorio (cap. IV), sería un presupuesto en cualquier ensueño utópico; sólo la condición titánica del mismo despierta en verdad alguna remembranza con este[49]. Pero la técnica, contra la que en el alba de la

---

47 Más detalles acerca de ese *Karussell der Macht,* como gráficamente le llama Jochimsen, puede encontrarse en el penúltimo capítulo del libro citado de la autora, pp. 187-205.

48 A fin de cuentas, quizá anide entre las creencias y los supuestos entrañados por el proyecto herzliano su mayor deuda con la utopía. Porque, de ser cierta su creencia en que el mundo se divide en judíos y antisemitas de poco les valdrá a los primeros construir un Estado en aras de su seguridad, pues estos se destruyen al menos con tanta, si no mayor, facilidad con la que se crean (desde luego, el rabino Jakobovits no compartirá más tarde su creencia, sino más bien la opuesta [cf. Rubinstein, op. cit., p. 319]). Y, por el otro lado, contar con los «antisemitas honestos» (Caps. 1 y V) para su puesta en acto no sólo entraña ceguera respecto a la instrumentalización política del antisionismo (cf. Arendt, *El Estado judío...,* cit., pp. 70 s), sino también ilusión por pensar que aun si el interés refrenara la pasión en los potentados, lo haría también en las masas. Lo increíble de esa colosal ingenuidad es que viniera de alguien que no era tan ingenuo, pues no parece serlo quien se dice convencido de que se requiere mucho más que simples argumentos lógicos para rebatir el antisemitismo, y que el odio de los antisemitas alcanza tanto a los méritos como a los defectos de los judíos (cap. V). Otra cosa más, en continuidad con el antisionismo honesto. Herzl afirma «comprenderlo» al hilo de la solución nacional propuesta para la cuestión judía. Los judíos, dice, es natural que ni quieran, ni puedan, ni deban dejar de serlo, lo que les convierte en apátridas allí donde estén: lógico objeto de odio de los patriotas, devenidos así antisemitas naturales (es decir: naturalmente nacionales). ¿Significa eso que Herzl entendería también un *sionismo al revés* en el futuro Estado judío en idénticas circunstancias, que el futuro «Estado modelo» recreará su particular gueto de odio nacional frente a los posibles apátridas que moren en su territorio?

49 Y que se refuerza con ciertos objetivos tangibles —fe, placer, beneficio—

modernidad clamara un hidalgo manchego porque mediante «aquestos endemoniados instrumentos de la artillería» —por citar un ejemplo—, «dio causa que un infame y cobarde brazo quite la vida a un valeroso caballero»; esa técnica que hoy vuelve real lo soñado, permite también, como diría Kant, hacer posible lo necesario; la técnica pone el mundo en manos de la voluntad, arrebatándoselo a la inercia y dejando en el más completo desconsuelo al azar (caps. I y V). Más aún: la técnica no sólo capacita a la realidad para aumentar sus poderes en suelos antaño pertenecientes a utopías o ucronías; capacita asimismo al espíritu para prevalecer sobre los productos en que, en concesión a la palabrería hegeliana, se *enajena*, a la idea sobre la inercia, a la cosa sobre los nuevos sacerdotes que la administran: en suma, a la técnica frente a los técnicos. Estos, arrullados por la posición social dominante que les brinda el monopolio de su nuevo saber, pronto aplacan en sus personas el furor de innovación presente en sus criaturas, disocian sus saberes de su acción, su conocimiento de sus creencias. Por eso un *técnico* acabará confundiéndose con el utópico ante un proyecto como el sionista: y por eso su fautor, en el universo de la técnica, recabará la ayuda del espíritu del saber frente a las creencias del que sabe. La realización o no de un ideal, la acción fáustica, requiere según Herzl de un juez que dictamine su viabilidad, y ese juez es la «necesidad latente» del mismo (cap. II)[50]; y si esta, para el caso que nos ocupa, es susceptible de encarnar en una institución que la «represente», el fallo se ha producido y la sentencia es firme. La técnica moderna será el demiurgo que facilite al sionismo la realización de su sueño, que haga posible lo necesario: que

reunidos en el ideal de la «patria libre», y que como magníficos trofeos se ofrecen al esfuerzo redentor. Los judíos, en suma, cambiarán de Estado para buscar el suyo, su patria, porque el sionismo les está regalando una esperanza, la de la definitiva solución a la condición judía.

50   Aunque ese *juez* necesite de otro humano que la reconozca, la *necesidad* de Herzl, con todo, es de índole más objetiva que *occasione* de Maquiavelo, mera función de la *virtù* del príncipe; y aunque, como ella, requiere de una, digámoslo así, base material que la soporte, esta es mucho mejor identificable en el periodista austríaco de origen húngaro que en el secretario florentino, pues de hecho la reconoce mucha más gente: son muchos, innumerables, los que perciben tras esa necesidad no sólo una *Judennot*, una necesidad para los judíos, sino una «necesidad mundial». Una necesidad para cuya realización se requiere no sólo principesca *virtù*, sino la voluntad y la acción de un altísimo número de participantes; que sean sobre lodo jóvenes para añadir a eso su entusiasmo; la antevista aplicación de la técnica, por unir al dominio de la naturaleza su capacidad de mejorar la historia; la comprensión de cómo esos factores han transformado la cuestión judía en mero «anacronismo», etc.

transforme la *necesidad* en Estado judío[51]. Al fin y al cabo, como dirá en su novela *Altneuland*, «el sueño no es algo tan distinto de la acción como se cree. Todo obrar humano fue primero sueño, y se convirtió en sueños después[52]».

¿Cuáles son los pasos a seguir en dicha transformación, en qué orden es menester darlos? Se trata de fundar un poder constituyente que se vaya estatalizando a medida que actúa, y que presida el conjunto del proceso fundacional, desde el traslado de la población judía que desee emigrar hacia los nuevos lares, hasta la primera organización que en ellos se instaure; es decir, se trata ante todo de establecer en la «base material» de cualquier Estado, el territorio, la «base personal» del mismo: el pueblo[53]. La primera medida consiste, pues, en crear instituciones, y la primera institución por crear es la Society of Jews. ¿Quién la compondrá, cuál será su cometido, cómo obtendrá su legitimación, etc.? Las respuestas que Herzl va deslizando, casi con sordina, a dichas preguntas confirman que el sello de la modernidad ha de ir impreso incluso en la primera página del proyecto.

Pero vayamos por orden. La *nación* judía, que existe —espiritualmente— gracias a que existen sus enemigos y a la fe de sus antepasados (factores ambos que Herzl casi nunca enumera conjuntamente), tiene tantos gobiernos como países por los que se halla dispersa; pero carece del suyo, el que terminará por constituir como Estado a un pueblo disperso entre otros mil: ¿cómo se formará? La modernidad plantea dos exigencias al respecto: el rechazo de ciertas bases —la personal, la divina, la material— por fundamento, para a continuación poner en su trono al nuevo rey: la doctrina de la «necesidad racional». Pero Herzl considera un acto de tiranía epistemológica prescindir del antiguo monarca, legitimado como está por su presencia constante en la obra de los más grandes filósofos del derecho desde el inicio de la reflexión polí-

---

51 La técnica hace algo más: intensifica el proceso normalizador emprendido por el sionismo al declarar Herzl que el Estado modélico que ellos construirán en Tierra Santa no lo será por motivos religiosos, sino por motivos tan laicos como que los arquitectos aprenderán no sólo de la propia historia, sino de la de la humanidad en su conjunto. La técnica, por su naturaleza, carece potencialmente de patria, al menos en su aplicación, juntando así por necesidad naciones que por su historia se quieren separadas.

52 *Nachwort* (citado por Jochimsen, op. cit., pág. 165).

53 Esa es, por cierto, una de las cualidades específicas que diferencian al sionismo de los demás movimientos nacionales de liberación (cf. Guasco, *Politica e Stato nelle grandi religioni monoteistiche*, Milano, Franco Angeli, 1985, pág. 33). En forma de paradojas ya vimos antes otras más.

tica. Una mezcla de Roma y Rousseau conformará la suya. La situación de los judíos impide el acuerdo entre ellos para constituir un gobierno (menos aún un Estado). Pero a falta de voto[54] buena es la necesidad: Roma permite enlazar con el demiurgo moderno merced a la doctrina de la *negotiorum gestio*[55], en la cual un *gestor* administra los bienes del *dominus (o* pueblo). Es de la fuerza de la necesidad de donde saca el gestor la suya para constituirse; nadie le encarga nada, nadie le constriñe a actuar de determinada manera en la administración del bien de todos: pero es que no hay *alguien* que exista políticamente, mientras el bien judío sí existe fácticamente, y tiene que ser administrado. El gestor, copropietario de dicho bien, obedece sin rechistar la orden de aquella, y sale en defensa de su protegido. Ahora bien, si es a Roma a quien conceptualmente debe su génesis, será del contractualista Rousseau[56] de quien adopte la fórmula de su legitimación. Pues una vez aceptado el encargo impuesto por la necesidad, una vez tomada la defensa del bien común, su acción debe proceder como si ese cometido le hubiera sido dado por el pueblo; en palabras de Herzl: «en su intervención el *gestor* está tan obligado ante el *dominas* como si mediare un contrato, *quasi ex contractu*» (cap. V). El gestor, concluye aquel, es responsable de la tarea que le ha sido idealmente confiada y debe cumplirla en cada uno de los artículos imaginariamente convenidos. Y bien: la doctrina de la necesidad, para los judíos, se llama diáspora, condición que les inhabilita a gestionar por sí mismos sus asuntos. Dicho en otros términos: necesitan un gobierno, un *gestor.*

---

54 Si hubiera de esperar una decisión mayoritaria en tal sentido el Estado judío debería esperar *ad calendas graecas* para su institución; en la actual situación de emergencia, aguardar a que las facciones se pongan de acuerdo para tal menester sería darle a la esperanza una cuerda para que se ahorque, parece sugerir Herzl (cap. V).

55 Moderno, desde luego, pero también absolutista. Dicha doctrina, si no es un galimatías, anda en ello, pues mezcla elementos escatológicos redimidos por el laicismo junto a otros historicistas, culturalistas (o multiculturalistas, como se diría hoy) y paternalistas; uno agita bien el brebaje y obtiene un acabado absolutismo político por mucho que otro de los ingredientes, la «autorización» *made in Hobbes,* con la que el señor elegido por la necesidad obtiene su cuota de legitimidad, se esfuerce por disimularlo.

56 Herzl, en efecto, cita a Rousseau, no a Kant: y no le falta razón. Sólo que la doctrina roussoniana del contrato es notablemente más compleja de lo que el apunte herzliano deja presumir, y en lo que tiene de válida es no sólo técnicamente más imperfecta que la kantiana, sino que, desde un punto de vista normativo, es así mismo menos adecuada que esta última al ideario del periodista austríaco de origen húngaro.

La Society of Jews será, según Herzl, ese gestor, pues este no tiene por qué ser una persona física. Y ese gestor, remarca, será «una persona moral». La compondrán ciertos «judíos honrados» del círculo londinense, conocedores de sus intenciones. Desempeñará tareas políticas y científicas contemporáneamente, será de manera simultánea poder y administración, ejecutivo y sociedad civil. Su autoridad moral la convierte en el organismo adecuado para controlar a las demás instancias participantes en el proceso colonizador, su aptitud gestora hace de ella el centro en la toma de decisiones, su capacidad técnica le permite fiscalizar las medidas que paulatinamente lo van desarrollando; y el reconocimiento que le otorgan los judíos, más la adhesión a título personal al citado proyecto, que es el modo de expresarlo, le confieren legitimidad hacia dentro, entre ellos, y hacia afuera: se vuelve así depositaria de una ideal soberanía judía, que la faculta para negociar con las potencias en nombre y por cuenta de sus *representados*. Al tiempo que actúa políticamente en pos de la obtención de la soberanía real sobre un territorio —que en Herzl, a diferencia de otros representantes del sionismo, como Nordau, no quedó delimitado desde un principio a los confines de Palestina—, la Society of Jews procede a organizar de manera exhaustiva los preparativos que habrán de culminar en una investigación científica del futuro suelo patrio, así como a la ordenación del territorio, a la meticulosa planificación de las obras de infraestructura necesarias para el asentamiento, en cuya ejecución se servirán de cuantos ingenios las más modernas técnicas pongan a su alcance.

La inmensa tarea del traslado a la nueva patria, que supone uno de los mayores dispendios de energía del entero esfuerzo promisorio requiere no sólo del señuelo con el que los ideales embelesan la esperanza, como tampoco basta la presencia al frente del sueño de un organismo moral, intelectual y prácticamente capacitado para darle forma. Se necesita asimismo de otros dispositivos que, soplando sobre los rescoldos por siempre humeantes de la vieja fe, remuevan e impulsen hasta buen puerto las ilusiones atizadas con la renovada profecía. Crucial al respecto es el papel a desempeñar por la Jewish Company, una compañía privada con afán de lucro encargada del financiamiento de la empresa. El maná de los ideales, en efecto, puede henchir el corazón y, quizá, arrobar la mente: pero no llena el estómago. En un viaje que, sin más, representa una mutación en la vida de los viajeros, en el que la nave misionera está abriendo de continuo sobre el mar el surco de un futuro aún incierto al tiempo que borra el rastro que conduce a la orilla de partida, un rastro en el que aquellos, al contemplarlo, sólo ven la dolorida estela del recuerdo y su cortejo de emociones encontradas; en un tal viaje, la función primordial de la Company es conseguir que —salvo los proletarios, lógicamente— quienes lo emprendan lleven consigo no sólo el conjunto de enseres amontonados en sus baúles, sino también una porción sustancial de los bienes materiales que dejan. Su tarea consiste, en efecto, en proceder a la liquidación de los inmuebles de los judíos que parten, lo cual le lleva a asumir dos roles, el de intermediaria por un lado, y el de administradora por otro. Canjeará a los colonos bienes antiguos por otros nuevos, siguiendo el lema de hacer que aquellos ganen con el cambio[57], y actuará como apoderada de esos emigrantes en los casos de crisis en la venta de inmuebles. De esa dúplice función también obtendrá provecho la sociedad *cristiana*, pues asegura a cada uno lo suyo, posibilita la migración interna en la misma —los cristianos copan los puestos abandonados por los judíos—, y elude, mediante la planificación racional del éxodo, el surgimiento de la posible crisis económica que la anárquica puesta en práctica del mismo haría temer.

Mucho quedaría aún por decir de las actividades de la Company, y una parte menor de esa laguna la subsanaremos más tarde. Pero antes de poner aquí punto final a nuestro discurso sobre ella quisiéramos hacer una pequeña cala en su significado. La Jewish Company, dijimos, es una sociedad privada, fundada por tanto con ánimo de lucro, con un campo de acción sin límites perceptibles sobre el horizonte que explota en régimen de monopolio: ¿qué situación mejor para que una sociedad anónima se lucre con la necesidad, en lugar de sólo con el riesgo; o para que una empresa privada se transforme en una institución política? Un primer obstáculo a ese probable desarrollo de la misma lo pone su estatuto fundacional, que la define como institución transitoria y nunca soberana. Otro aún mayor mana del vínculo de dependencia en que se halla en relación con la Society of Jews. La necesaria jerarquía urdida por el centralizador proyecto sionista para la realización de la empresa sitúa a esta por encima de aquella, incluso cuando las actividades de ambas —cosa frecuente, por lo demás— se entrecruzan. La inferior siempre debe actuar en acuerdo con la superior, que nunca cede un adarme de su facultad de control porque sabe, precisamente, lo que está

---

57 La Company sólo les cobrará en esas operaciones el porcentaje que le asegure su conservación. Pero gracias a ellas obtendrá pingües beneficios, con los que podrá sufragar el endeudamiento contraído durante su capitalización para financiar el proyecto (véase la sección final de este cap. III). Todos los beneficios obtenidos de la especulación del suelo afluirán a ella, en justo pago por los riesgos corridos, pues «la correlación entre riesgo y recompensa constituye la moralidad de las finanzas» (idem).

en juego. La economía tendrá mano libre cuando la moral le deje libres las manos.

Otra instancia básica en el sionismo herzliano la constituyen «los grupos locales[58]». Entre las decisiones adoptadas por el mismo en pro del orden cuenta la de enviar a la nueva tierra —*drüben*, suele decir, más neutralmente, Herzl— en primer lugar a los más necesitados. Un aristotélico principio de justicia distributiva recorre dicha medida distribuyendo moralidad por su cauce, como también técnica: como hubiera gustado al genial heleno. No sólo se les brinda la posibilidad de acabar antes con sus sufrimientos; también se les garantiza el trabajo en obras de infraestructura, básicas para el ulterior desarrollo del país, y se les insta a utilizar esa vía como medio de promoción social. Los grupos locales son, durante el trayecto, los embajadores de la solidaridad: y después, ya en la tierra prometida, los laboratorios en los que la técnica permite recrear antiguos ambientes en otros medios distintos. La zozobra que la nostalgia y el desasosiego pueden introducir ya en pleno inicio del periplo a lo largo del cual la propia vida se reconstruye desde los cimientos, resulta más eficazmente combatida cuando el viaje se realiza en grupos. El mutuo apoyo suele resultar un buen antídoto contra los males con que los recuerdos —furibundos gladiadores en semejantes circunstancias— asolan el pecho. Por lo demás, se apresura en añadir Herzl, la formación de tales grupos será siempre voluntaria: cada uno puede, o integrarse en otro que no sea el de su ciudad —o su distrito, cuando la ciudad es grande—, o viajar a título individual. Eso sí, en cuanto estén formados, la autonomía decisoria de quienes los representen —a cuyo frente, añadamos, habrá siempre un rabino— debe ser completa si se quieren viables. Respecto de sus tareas una vez llegados a Sión, estas se centran, según dijimos de pasada, en aplicar las conquistas de la técnica a la reproducción de ambientes en la que los hábitos cotidianos puedan sentirse cómodos. Que la técnica universaliza es lección que la modernidad aprendió en sus albores: en sus postrimerías Herzl no quiere que sobre suelo judío no puedan nacer esas plantas vienesas o parisinas regadas por los usos del —cosmopolita— *hombre medio*, y que tantas y tan varias comodidades procuran a su vida. No son esas, con todo, como en el caso de la Company, las únicas tareas que los grupos locales han de realizar en la recobrada tierra.

---

58 En un interesante capítulo, *Der Judenstaat...*, de su libro sobre Herzl, Jochimsen, sin embargo, no justiprecia la importancia de los mismos (op. cit., pp. 99-113).

El proyecto social herzliano para los primeros tiempos de la colonización se ramifica equitativamente por los ámbitos del trabajo y la política. El moderno espíritu laico sopla sobre ambos, pues es por tierra de trabajo como se conoce a la actual tierra prometida y, por la otra parte, la Constitución que en ella se redacte rechazará todo soborno confesional. En el primer caso, Herzl quiere sortear la estructural indefensión traída por el capitalismo para el conjunto de los trabajadores, a muchos de los cuales ha arrojado en brazos de la miseria: tanto física como moral. A ello se debe que, si bien la nueva sociedad ha de dar plena cabida en su seno al espíritu de iniciativa y a la propiedad privada, sin embargo, ello no ha de ser con vistas a la competencia y al lucro, es decir, a costa de la felicidad personal (de la de los desheredados de la fortuna, sobre todo). El liberalismo básico se corrige con el socialismo añadido[59]. Así, de un lado, se lleva a cabo una completa planificación racional del mercado de trabajo, a fin de evitar que el numeroso ejército de reserva —en el presente contexto sería fácilmente aplicable la fórmula marxiana— acabe por engrosar, merced a la disminución de los salarios a que daría lugar, las arcas de los mercaderes. Será la Company quien lo administre, valiéndose para ello del socorro que por partida doble le prestan la Society y los grupos locales. Junto a ello, las instituciones de beneficencia que estos aportan al nuevo país, y que sabiamente retocadas pueden convertir a una de ellas —la «asistencia por medio del trabajo»— en una auténtica fábrica de trabajo social; la mayor humanización del citado mercado aportada por el genuino santo y seña laboral de aquel, a saber, la jornada de trabajo de siete horas; o el espíritu colectivo que, desde sus mismos orígenes, la Company se encarga de inocular entre los trabajadores (los no cualificados) encargados de la puesta a punto del subsuelo poblacional e industrial: del conjunto de las infraestructuras; o el esfuerzo de moralización individual por el trabajo, buscando para eso uno adecuado a las capacidades de cada sujeto, etc., no son sino otros tantos estandartes del interés sionista por evitar el sacrificio de la felicidad y la libertad en el ara del interés personal.

---

59 Indicábamos más arriba, citando a Barnavi, algunas de las paradojas que acompañan al sionismo; precisemos ahora señalando que el movimiento sionista, como se aprecia en el orden económico pretendido por Herzl, posee varias almas, lo que le garantiza el conflicto: está la versión radical y la moderada, la mística y la laica, la nacionalista y la socialista, que no se superponen necesariamente entre sí. Y están entre judíos sionistas y judíos creyentes —los primeros antisionistas— que no aceptan ningún mesías humano; y lodos ellos, en fin, forman parte del círculo mayor en el que están judíos y árabes.

En lo concerniente al ámbito político, la ansiada patria pronto dispondrá de una Constitución propia. Como los judíos no son mejores que los demás hombres, dice Herzl; y como la democracia, cuando se la nombra, evoca Atenas[60] y no Estados Unidos, el régimen establecido por aquella será la república aristocrática: los tiempos, en efecto, han declarado ilegítima la pretensión de los seguidores de Saúl, David o Salomón de ordenar el rebaño israelí bajo el cetro de un monarca, como también la de los monárquicos actuales que creen en algún gen especial presente en ciertas familias, el cual las capacitaría naturalmente para gobernar. La Constitución republicana original, con todo, es en su esencia absolutista: en primer lugar, porque la da la Society a sus *súbditos*, lo que convierte a esa alma generosa en genuino poder constituyente; luego, porque, obrando así, se corresponde con el axioma técnico que, al decir de Herzl, debe presidir la construcción del orden político: este «debe hacerse desde arriba»; en tercer lugar, porque se añade una creencia personal que aspira a legitimar desde una perspectiva histórico-psicológica semejante institución; eso, dice, «se corresponde con el sentido de la ambición de nuestro pueblo»; por último, porque trata los efectos inherentes al pluralismo como una maldición[61]. No obstante, dicha Constitución da cabida a ciertos principios liberal-democráticos, como la libertad de conciencia y de fe, la igualdad de derechos concedida a todos los ciudadanos, con independencia de cuál sea su nacionalidad, la supremacía del poder civil sobre el poder militar o la separación entre religión y Estado; eso por lo que hace al orden interno. Su

---

60   Se la evoca a través de Montesquieu, no directamente, es decir, aludiendo a la sencillez y pureza de costumbres que comporta (aunque sin aludir al mismo tiempo a la distinción entre naturaleza y principio presente en todo régimen político, que es el contexto en el cual el gran teórico francés conecta democracia y virtud). Señalemos que la democracia aquí resumida por Herzl es una colección de imperfecciones, pues al defecto de la formación de una casta de políticos profesionales, suma el del guirigay parlamentario propio de las discusiones parlamentarias, y su excesiva *dependencia* del consenso o de la desaprobación, que se añaden a la inadecuación entrevista entre las costumbres que requiere y las de nuestra época (cap. V). El lector habrá captado ya la ambigüedad de Herzl, pues por un lado su referencia es claramente la democracia directa y por otro le atribuye cualidades que le son impropias, o que, en todo caso, lo son más de los demás regímenes.

61   Incluso esa especie *sui generis* de meritocracia orgánica que se une a la condición oligárquica señalada, la de hacer la política desde lo alto, y que confluyen en la república aristocrática por la que se decantará un Herzl elitista, posee igualmente la virtud de recordar que el absolutismo fundacional transmite su legado al nuevo Estado ya consolidado.

adopción del principio de neutralidad o la búsqueda de la paz y de cooperación con el mundo circundante trasladan asimismo cierta fe democrática al ámbito de las relaciones internacionales.

El deseo de Herzl consistía en imprimir un sesgo nuevo a una aspiración perseguida durante diecinueve siglos a fin de realizarla, vale
decir: en instituir el Estado judío. Enlazando deliberadamente su actual
deseo al vetusto ideal se inserta, lo quiera o no, en la tradición mesiánica
constitutiva del judaísmo[62]. No será ese, por lo demás, el único rasgo
compartido por su teoría con la venerable creencia. La religión mosaica
tiene de peculiar, entre otros elementos, la participación activa de su
Dios en el mundo[63], donde interviene directamente, y no de manera
sibilina, como su correligionario cristiano, que se enmascara bajo la
fuerza anónima de la providencia; adopta la forma de un dios personal, y comprometido con su pueblo mediante un pacto, a diferencia del
modo transpersonal y universalista —en el sentido de que hasta puede
valerse de un pagano en el cumplimiento de sus designios, según hace
notar un Bossuet con respecto a Nabucodonosor— adoptado por el
providencialismo[64]. Pero también el mesianismo parece otro rasgo propio de la citada religión. Mucho antes de la venida al mundo de su competidor cristiano, el mundo judío era un hervidero de creencias, más o
menos místicas[65], acerca de la esperanza y de la salvación a manos de

---

62 Ni siquiera la fundación del Estado de Israel ha acabado con esa creencia, pues
    para un religioso no puede haber mesías laico; la *fiebre mesiánica* volvió a
    desatarse tras la guerra de los Seis Días, y prosiguió con los asentamientos judíos
    en los territorios ocupados de Cisjordania, Gaza y el Golán, como más tarde
    junto a Hebrón, donde los ortodoxos veneran las tumbas de los patriarcas (para
    una panorámica sobre el mesianismo judío, o mejor, sobre los mesianismos
    judíos, cf. Trebolle Barrera, *Apocalipticismo y Mesianismo en el mundo judío* [en
    Mangas, J. y Montero, S. coords., *El Milenarismo. La percepción del tiempo en las
    culturas antiguas,* Madrid, Editorial Complutense, 2001], pp. 57-80; Heirman,
    op. cit., pp. 106-123; para una visión en profundidad, cf. la obra de G. Scholem,
    aunque algunos de sus puntos de vista se hayan visto ya seriamente recusados,
    como muestra Moshe Idel en *Religión, pensamiento y actitudes: el impacto de la
    expulsión sobre los judíos* [en Los *judíos en España,* cit.], pp. 125 s).
63 En conexión con ese Dios que interviene personalmente en la historia se halla
    el hecho de que los mesías judíos, a diferencia de los cristianos, son siempre «de
    carne y hueso» (Heirman).
64 Lo cual, dicho sea de paso, y también frente a aquel, da lugar a otra de las
    singularidades judías, como es la de la construcción de un sujeto que tiene
    frente a su modelo, además de deberes, derechos (cf. Heschel, *El concepto de
    hombre en el pensamiento judío* [en *El concepto de hombre,* México, FCE, 1993],
    p. 152).
65 Originariamente se aglutinaban en torno a la alianza entre Pacto (*Berit*), Ley

un mesías regio[66]. Y desde entonces, el mesianismo ha cambiado, pero nunca desaparecido. Con la particularidad de que, en su desarrollo, la significación mesiánica ha ensanchado desmesuradamente su capacidad, hasta acoger dentro de la misma no sólo al pueblo elegido[67], sino a todos los demás pueblos. La creencia mesiánica hubo de desdoblarse para ello en esperanza mesiánica y fe en el Mesías, mediante la cual se extendía a la entera humanidad ese deseo de perfección moral, libertad política, etc., que la primera centraba únicamente en Israel[68].

En el proyecto concebido por el judío laico Theodor Herzl, las leyendas religiosas del judaísmo tradicional han perdido todo valor fundante —quedan, eso sí, como rasgos somáticos de la cultura judía, y por tanto como parte del acervo de la identidad de tal pueblo—, si bien más de un acento místico more in su interior, como el que crepita al evocar la tierra palestina[69], o el que late al aludir a la genealogía del mismo. Empero, sí preserva la fe originaria en la venida del Mesías, ahora denominado Estado judío, y el tono universalista adquirido por aquel, según se nos reitera a lo largo y ancho de la obra. Las esperanzas de salvación terrenal asociadas al primero son absolutas: es el fin, afirma, de la cuestión

---

(*Lord*) y *Torá* (*Aretz*), pues también esta había sido una donación especial de Dios a su Pueblo.

66 Esas creencias se han ido repitiendo a lo largo de la historia, y no sólo por judíos. Y lo que es más: no siempre que los judíos invocaron a su mesías regio invocaban a un mesías judío. Américo Castro, en efecto, nos recuerda cómo «los anhelos y vaticinios imperialistas» prodigados por doquier a partir del siglo XV en España no eran sino «la proyección del mesianismo hispano-judío», en el que tanto cristianos como conversos judíos depositaban su esperanza de libertad en manos del justo rey cristiano (*Aspectos del vivir hispánico*, Madrid, Alianza Editorial, 1987, pp. 21 s). Por lo demás, las esperanzas mesiánicas en una libertad social y política para la comunidad demostrarán completa vigencia en los movimientos sociales del siglo XVI, desde los comuneros a las germanías (cf. J. Pérez, *Carlos V*, Madrid, Temas de Hoy, 1999, pp. 53-59). Añadamos que, hoy día, la cosa se ha *rebuscado* un poco más, y ya hasta tenemos «mesianismo sin Mesías», por decirlo con palabras del rabino alemán Levinson, el practicado por judíos de la diáspora, comprometidos con su país y con el mundo, de condición laica, pero creyentes en la «unidad espiritual» del pueblo judío (hemos tomado la referencia de Heirman, op. cit., pp. 138-140).

67 *Elegido*, sea pueblo o individuo, es siempre, naturalmente, quien se autoelige; Schopenhauer lo dijo con suma gracia a propósito de los propios judíos: «Los judíos son el pueblo elegido por su Dios, que es el Dios elegido por su pueblo» (citado por Calimani, op. cit., p. 417). Lo que, naturalmente, no implica que la autoelección sea algo caprichoso o salga gratis: la *elección* de Israel por (su) Dios se debe a que fue el único pueblo que aceptó la responsabilidad de cumplir la *Torá* luego de haberla ofrecido a todos (Cohen, *II Talmud*, Roma-Bari, Laterza, 1999, p. 91).

68 Calimani, op. cit., pp. 31 s.

69 La «antigua tierra nueva» de su novela del mismo título, *Altneuland*, «la tierra antigua sobre la que fundar un país nuevo» (cit., por Jochimsen, op. cit., p. 173).

judía. Es el final de un universo dominado por las persecuciones y sus leales vasallos, desde la discriminación al sacrificio. Es el inicio de un nuevo mundo, tanto en sus relaciones internas como en las internacionales, dominado por la libertad y la búsqueda de la paz en un trato dominado por la confianza que da la igualdad. Y es un fin y un principio en el que todos, judíos y no judíos —cristianos, árabes— ganan: y ganan ya desde el inicio mismo del plan que concluye en el advenimiento del Mesías, en la milenarista instauración del Estado judío. La asimilación ha fracasado, sí: la fe tropieza, no con las leyes —es decir: con la fe señera, dominante en las leyes—, como antaño, pero sí con las creencias —es decir: con la fe señera dominante en los hechos—, y la raza choca con la sinrazón del prejuicio metamorfoseado en ciencia; además, la condición social de la mayoría de los judíos significa competencia para los otros obreros, tan proletarios o miembros de la clase media como ellos; y la de la minoría, la acaudalada, pone rostro y nombre al odio al dinero; el rico ofrece al odio un blanco más visible que la riqueza, y, cuando existe la paridad de derechos, la sinagoga y la fisiología le ofrecen unos centros donde descargar su fuego menos comprometedores que la fraternidad universal o, incluso, la hermandad de clase. La asimilación, repetimos, ha fracasado; pero llegada es la hora de que, con la fundación del nuevo mesías, desaparezca como por ensalmo todo ese cristo antijudaico. Ese mesías es judío, pero la salvación que conlleva es universal.

Ahora bien, si el Estado judío garantiza con su existencia la universalidad de la salvación, se debe a que la técnica y el conocimiento, con su perfección, han dado a la esperanza el alma que necesitaba para conquistar el futuro. En la construcción del Estado salvador, el proyecto sionista herzliano hará valer la «práctica totalidad de las conquistas de la técnica y de las ciencias sociales, de nuestra época como de la futura» (cap. V), o lo que es igual: todas las garantías de redención colectiva están dadas. El conocimiento ya ha encontrado el orden que deben guardar personas y cosas, y la técnica, señora de la naturaleza, que ha cancelado las barreras del espacio y del tiempo, poniendo todo a mano, al alcance de la inteligencia —la información sobre acontecimientos acaecidos en cualquier lugar del planeta, la posibilidad de recrear hábitos y culturas en cualquier punto del espacio que se elija[70]

---

70 Por sí misma, esa sola creencia podría bastar a un laico para, por puro pragmatismo, y sin secundar intereses británicos ni dejarse arrastrar por tradiciones religiosas, aceptar que el nuevo Estado tenga por territorio, en caso de necesidad, Uganda (al respecto, cf. Laqueur, op. cit., ágs.. 120 ss), o Argentina,

—, se basta y se sobra para satisfacer con sus recursos los intereses y las necesidades de los pueblos. La cuestión judía se ha vuelto, pues, un anacronismo[71] (cap. I). En poder del pueblo judío, además, esa técnica pondrá en práctica todas las maravillas presentes en su espíritu, sacará a la luz todos los secretos que guarda en su seno, hasta convertir al prestidigitador en «el pueblo más moderno», el campo de experimentación seleccionado por el futuro para, con los nuevos ingenios que se produzcan, guiar a la humanidad hasta ese mañana luminoso y prometeico anunciado por la ciencia. Será un «país nuevo» en un mundo nuevo; las palabras finales del texto de Herzl son también el prontuario de su legado mesiánico: «cuanto intentemos allí [en la nueva patria] por nuestra particular prosperidad, producirá imponentes y bienhechores efectos sobre el bienestar de todos los hombres». La certeza del advenimiento del mesías moderno, el Estado judío, reparte beneficios sin reparar en razas ni fronteras, e incluso parece poner remedio a la plaga bíblica de la miseria.

La aspiración a crear un Estado propio, gobernado por la libertad y en paz con los demás, es la sencilla expresión en que puede compendiarse el titánico esfuerzo emprendido por Herzl para reparar una injusticia milenaria: la persecución de los judíos. La historia es un motivo permanente para luchar con denuedo por el logro de semejante meta: la ciencia, la garantía para el titán de que no está luchando contra los dioses o contra el destino. En medio de una guerra sin cuartel contra inercias, prejuicios, intereses; al final de una tradición escatológica que en él, sin embargo, se ha vuelto laica, y al inicio de un proyecto que siendo eterno en su objetivo es nuevo en su concepto, nada

---

en lugar de Palestina. Mas condición al respecto sería que dicho laico no fuera judío, pues Israel parece el lugar donde el laico es religioso sin proponérselo y sin contradicción.

71 Herzl, una vez más, razona aquí como europeo y como laico, sin percibir que, si bien *técnicamente* tiene razón, la desaparición del efecto con las causas significaría que el fenómeno, en su conjunto, es *razonable,* y que el odio sería un *odio racional.* Pero la condición irracional de su tozudez, esto es, su persistencia, no sólo está en el hecho mismo de sobrevivir a las causas, sino en haber ampliado la gama de sus manifestaciones, y desde hace unas décadas, a los ya consagrados antijudaísmo y antisemitismo se ha de añadir el antisionismo del que hacen gala cuantos desean ver al Estado de Israel desaparecer de la faz de la tierra. Más aún: sin esta última forma de odio antijudío, que paradójicamente no comporta odio personal a los judíos —si bien no necesariamente lo excluye—, es probable que la cuestión *palestina* hace tiempo se hubiera resuelto ya mediante la creación de dos Estados nacionales en el territorio de la actual Palestina, englobando quizá a Jordania misma.

ha de extrañar si en el mismo hacen acto de presencia elementos que la razón consideraría espurios: el mesianismo milenarista, en efecto, en parte es también la deuda subjetiva[72] contraída por su estilo con su sensibilidad de estratega, embargada de emociones ante los desafíos de la lucha. Empero, pese a ello, el discurso herzliano es de una enorme gravedad moral y de hondo calado intelectual[73]. No hay en él rencores históricos que vengar, mientras sí abundan, en cambio, junto a los principios generales de la colonización, las medidas específicas para llevarla a cabo, y que no son sino otros tantos pasos concretos mediante los cuales el sueño va labrando el mármol de su propia realidad. Herzl, por último, al fallecer en 1904, gozó de la súper real fortuna de no conocer el Holocausto, verdadera y paradójica causa eficiente de que el sionismo pusiera su bandera en Palestina, por lo que aún pudo creer que es siempre algún dios y no un demonio el que funda en la tierra el reino de los cielos; del mismo modo, no pudo llegar a conocer cómo el neonato inició, sin haber perdido aún el cordón umbilical, una existencia azarosa en sus relaciones con las potencias vecinas —recién llegadas, como él, a la propia autogestión tras la disolución del Imperio otomano—, al ser la guerra elemento primordial de las mismas[74]; guerra que, hasta hoy, desde la victoria en la guerra de los Seis Días, el terrorismo prolonga por otras vías, sin que ello cancele de manera definitiva el recurso a la tradicional, como en la cruel guerra del Líbano, saldada con el final *feliz* de las negociaciones secretas de Oslo, cuyo primer fruto sería el mutuo reconocimiento de las partes; ni como el ya consolidado Estado judío sojuzgó a los palestinos que habitaban su

---

72 Lo dice el propio Herzl al principio de su diario, donde confiesa que la magnitud de la obra que está llevando a cabo lo «llena al punto de una total pérdida de la conciencia».

73 Y eso aunque *El Estado judío* no sea «más que un panfleto escrito en cinco días» (Heirman, op. cit., pág. 183). Se trataba, en todo caso, de un panfleto «que debía transformar mundo» (Jochimsen, op. cit., pág. 99).

74 Consecuencia inmediata fue la organización de Israel como "nación-en-armas", en la cual la militarización de la vida civil —«cooperación entre las élites militares y civiles» en la política es el hecho manifiesto y su posible degeneración en pretorianismo -el predominio político de los militares «debido a la práctica o amenaza del uso de la fuerza»— la tentación oculta. Casi medio siglo ha tenido que pasar antes de que el modelo de la nación-en-armas y del ejército-nación, haya empezado a cuestionarse, con la consiguiente mutación del ejército: de misión en profesión (Uri Ben-Eliezer, ¿Acaso hay posibilidad de una guerra civil en Israel? Análisis de las relaciones entre el ejército, la sociedad y la política [en P. Waldmann y F. Reinares, eds., Sociedades en guerra civil, Barcelona, Paidós, 1999], págs. 211-232).

territorio antes de ser instituido[75], luego de haber deportado a decenas de miles de ellos[76]; asimismo no pudo asistir, en julio de 1973, al *anó-*

---

75 La cosa ha sido leída recientemente en clave psicoanalítica; a lo que parece, la madrastra Europa, envejecida por sus pecados, ha criado en Oriente Próximo un niño consentido, que es su vivo retrato, al que se deja divertir haciendo daño a los palestinos, que no tienen culpa de nada, y menos de los remordimientos de la vieja madrastra... (cf. B. Guigue, *Aux origines du conflict israélo-arabe* [lo francés viene en el subtítulo: *L'invisible remords de l'Occident*], Paris, l'Harmattan, 1998). El libro —por cierto, de espléndida prosa— continúa por esos derroteros, pero se requiere algo más que una amplia colección de frases brillantes para hacer honor a la verdad. Figúrese el lector que entre los remordidos —pido excusas por el neologismo— está Inglaterra, país que entre sus diversiones modernas contaba la de convertir a piratas en sires, y que en el siglo XIX, por boca de un primer ministro, Palmerston, ratificaba su tradicional norma de comportamiento: «Inglaterra no tiene ni amigos permanentes, ni enemigos permanentes; sólo tiene intereses permanentes». El interés, es decir, el *príncipe* de los príncipes en materia internacional, según certificara *a divinis* Rohan en pleno siglo XVII, habría sido entonces en el XX la madre inglesa de la gestación israelí, en lugar de los famosos complejos de culpa, de haber sido esa la real intención británica; pero dejando aparte la facilidad con la que los vientos mueven la veleta del interés, máxime los de las grandes potencias, es menester tener en cuenta que en un mismo interés pueden caber varias políticas, como la propia Inglaterra hizo ver en 1915 y 1917 con la Promesa McMahon y la Declaración Balfour, lo que le granjearía la doble enemistad de sus dos desengañados beneficiarios, árabes y judíos respectivamente; por si fuera poco, añadamos que el niño salió díscolo, y que harto de ver moverse la veleta decidió correr con todos los riesgos de la decisión proclamando unilateralmente, tras la Partición de Palestina decidida por Naciones Unidas, la independencia de Israel; Inglaterra renunció a su protectorado dejando el terreno minado de premoniciones de guerra que sabía estallarían con su partida, como así fue, pero para entonces la presunta madre ya había cambiado de interés (por lo demás, téngase presente que cuando se invoca al interés como ídolo de la sociedad internacional no se invoca en realidad a ningún neonato político: era la fuente que ya inspiraba la acción de la polis en sus relaciones con los demás Estados, según nos enseña Tucídides en su magnifícente *Historia de la guerra del Peloponeso*, IV-108 y todo el genial capítulo final del libro V, en el que se relata el episodio entre atenienses y melios).

76 En zona tan caliente física e ideológicamente como Oriente Medio no sólo es lógico que las lecturas de los hechos se polaricen, sino también normal que los hechos, cifras incluidas, dancen su propia danza, a gusto del consumidor: es la misma realidad la que parece a veces estar por determinar. Pero no hace falta ser propalestino para asociar una violencia inaudita a nombres como los de Ikrit y Biram, como tampoco sionista convicto para no confundir entre deportación y huida, máxime cuando se dieron las dos. Más leña al fuego arroja la nueva historiografía israelí, acusando unas veces al sionismo fundacional incluso de «limpieza étnica» en relación con los palestinos; y otras a los últimos gobiernos israelíes de potenciar el victimismo en la sociedad al objeto de velarle la creciente militarización de la vida pública y los peligros, contra la democracia y contra la

malo hecho de que un premio Nobel pidiese la suspensión temporal de «los estudios y experimentos de ingeniería genética sobre virus y bacterias a la vista de las posibles consecuencias negativas que los mismos podrían deparar a la humanidad[77]». Y, en 1995, por último, no vivió la más trágica manifestación contemporánea del odio interjudío, aquella que se consumaba en el disparo a bocajarro de un judío ultraortodoxo contra el entonces primer ministro de Israel Isaac Rabin, por cuya mortal herida se desangró a un tiempo la posibilidad de concordia entre las diversas almas que laceran la comunidad judía, la esperanza de que no se tomara el nombre de la paz en vano y, en parte, la propia democracia israelí. Cabe aún rizar el rizo de la historia y observar cuán amable fue esta con él: juntando, en efecto, dos fenómenos de los recién citados, cabe observar que, cincuenta años después de los cincuenta años que tardó en fundarse el Estado judío desde que él lo escribiera, las discordias intestinas y los desafíos externos han imbricado hasta tal punto sus amenazas que, en el esfuerzo por odiarse entre sí, se aúnan automáticamente sus odios contra el enemigo común, el Estado de Israel; de modo que este no puede satisfacer a uno sin atraerse la ira del otro, y corre el peligro, al luchar en su interior contra los fanáticos colonos ortodoxos, y en el exterior contra los palestinos, extremistas y no, de garantizarse la guerra civil por evitar la guerra externa o de garantizarse la guerra externa en su intento de evitar la guerra civil.

En suma, no pudo ver lo que nunca pudo prever: que ni la concordia interna ni la paz y la cooperación externas, la primera descontada como supuesto —«somos un pueblo, *un* pueblo»[78], enfatiza en la intro-

---

misma existencia de Israel, que ello conlleva (cf. respectivamente, los artículos de Charles Glass [quien reseña los libros de I. (Ilan) Pappe, D. Hirst y B. Morris] y de Isaac Laor, quien comenta una exposición de fotografías de soldados que tuvo lugar en Tel Aviv, aparecidos en la *London Review of Books* en los números de 24 de junio y de 22 de julio de 2004 respectivamente). En la misma línea se mueve el excelente trabajo de Ferran Izquierdo Brichs *El movimiento sionista ante la partición de Palestina,* Scripta Nova, Vol 11, n° 144, 1 de julio de 2003 (edición digital), 24 pp.

77 Hemos recabado la información de Galli della Loggia, *Il mondo contemporáneo,* Bologna, Il Mulino, 1982, pp.. 339-340. A decir verdad, Einstein y Oppenheimer fueron ya los primeros críticos de esa era atómica que ellos mismos habían contribuido a generar. Con todo, la autoridad de la ciencia sigue conservando hoy, en Occidente al menos, el prestigio que le confiere ser uno de los fundamentos básicos de la sociedad (P. Manent, Curso *de filosofía política,* Buenos Aires, FCE, 2003, pp. 9 s).

78 En la actualidad, junto al problema político de la paz, y para la identidad judía, quizá sea el del laicismo el primero de los problemas —ideológicos, pero

ducción— e idealizadas las segundas como misión, aceptaran al nuevo mesías una vez llegado, al punto de desafiar juntos su venida y de confabular por separado contra su propia existencia; que la mesa de negociaciones con los países del área terminara convertida en un gran campo de batalla en el que la sola alternativa para Israel haya sido hasta hace no mucho —las gestas de Camp David y de Oslo, ambas, por demás, dinamitadas por el fanatismo, con su mezcla de verdad y odio, y el invariable reguero de sangre que la sigue— la victoria, al jugarse con su derrota su desaparición; que el propio mesías siguiera siendo beligerante contra una parte de sus súbditos, revelándose así un salvador aún opresivo y parcial; y que el ángel de la esperanza, la ciencia[78], si el caso lo requería, blandiese igualmente, y sin miramientos, su espada de ángel exterminador.

Antonio Hermosa Andújar
(Universidad de Sevilla)

---

también políticos— que tiene planteados el sionismo, pues implica de hecho incompatibilidad entre una religión de naturaleza totalitaria y cualquier tipo de autonomía personal o social. Sólo que ese problema genérico adolece en el caso judío de un mayor dramatismo, porque ha llegado a la conciencia israelí justo en el momento de hacerse realidad el sueño del Estado judío. Este, en efecto, en cuanto Estado, ha de encarnar las exigencias de la vida moderna, es decir: debe ser y proclamarse aconfesional; pero, por otro lado, la justificación de su existencia tenía su origen en el mesianismo judío: su impronta era marcadamente religiosa. De este modo, la existencia de Israel como Estado, la existencia del Estado de Israel, reviste necesariamente un carácter paradójico, pues entraña la pérdida de su carácter judío, o mejor aún, que lo judío deje de identificarse religiosamente. Con otras palabras: entraña el divorcio, en la conciencia, entre lo querido y el por qué se lo quiere; y en los hechos, entre política y religión. En suma: entre el hoy y el ayer, entre el Estado israelí y la historia judía (el debate al respecto sigue incandescente porque las dos almas en las que hoy se resumen las diferencias en el judaísmo y se disputan el destino de Israel, la ortodoxa y la nacionalista, son incompatibles entre sí, y el Fausto en el que se juntan, el Estado judío, tira por la calle de en medio para no correr la misma suerte de su antepasado goethiano. De nuevo *il principe* debe, ahora que se vislumbra un atisbo de paz, no abusar de su suerte, y actuando contra quienes llaman en Israel *Torá* a la *Sharía* —o sea: separando de una vez por todas religión y Estado—, resolver políticamente en una plena democracia el problema de la identidad; cf. Heirman, *Las paradojas israelíes*, el «duodécimo pilar», op. cit., pp. 223-228; Cohn-Sherbok, op. cit., Cap. XIII y Conclusión, y Rubinstein, el entero capítulo final, y cuyo significativo título es *Ein Zuhause - kein Tempel* [*Un hogar- ningún Templo*, pp. 310-352])

EL ESTADO JUDÍO

THEODOR HERZL

PRÓLOGO

La idea que desarrollo en este escrito es antiquísima: se trata de la realización del Estado judío.

El griterío del mundo contra los judíos es atronador, lo que ha hecho despertar esa adormecida idea.

No invento nada, téngaselo bien presente a lo largo de mi entera exposición. No invento ni la condición de los judíos, que ya es histórica, ni los medios de ponerle remedio. Los componentes materiales del edificio que proyecto se hallan presentes en la realidad, están al alcance de la mano; cada quien puede convencerse al respecto. Por tanto, si quiere significarse con una sola palabra este intento de solución de la cuestión judía, esta no ha de ser *fantasía*, sino a lo sumo *combinación*.

Antes de nada, he de defender mi proyecto contra su consideración como utopía. De este modo, por cierto, preservo a los críticos superficiales de que cometan una bobada, pues nada habría de vergonzoso en escribir una filantrópica utopía. Podría igualmente obtener un fácil éxito literario si, con ligereza, por así decir, presentase al lector deseoso de entretenimiento este plan en forma de novela. Pero esta no es una de esas amables utopías, con tanta frecuencia producidas antes y después de Tomás Moro. Y creo que la situación de los judíos en los diversos países es lo bastante ardua como para volver superflua cualquier frivolidad introductoria.

Para dar a entender la diferencia entre mi construcción y una utopía me centro en un interesante libro del Dr. Theodor Hertzka aparecido el año pasado: *Freiland*. Se trata de una ingeniosa fantasía ideada por una mente completamente moderna e instruida en economía nacional, pero tan alejado de la vida como el monte Ecuador, en el que se halla ese Estado soñado. *Freiland* es una complicada maquinaria con numerosos dientes y ruedas que incluso engranan entre sí, mas de la que nada hace pensar que pueda ser puesta en funcionamiento. Y aun si yo viera surgir asociaciones *Freiland,* lo tomaría por una broma.

El presente proyecto, al contrario, contiene la aplicación de una fuerza propulsora que ya existe en la realidad. Los dientes y ruedas de la máquina por construir son aludidos, y de pasada, en relación con mi incompetencia, y en la confianza de que habrá mecánicos mejores que yo que procedan a ejecutarla.

Fuerza propulsora, decía. ¿Y cuál es esa fuerza? La condición de necesidad de los judíos.

¿Quién se atreverá a negar que esa fuerza existe? Hablaremos de ella en el capítulo consagrado a las razones del antisemitismo.

También es conocida esa energía que se va produciendo en la tetera al calentarse el agua, y que hace brincar la tapadera. A ello se corresponden los escarceos sionistas y otras muchas formas de asociación «de defensa contra el antisemitismo».

Ahora bien, yo digo que si se la emplea correctamente esa fuerza es lo bastante potente como para impulsar una gran máquina, como para transportar hombres y mercancías. El aspecto de la máquina no cuenta.

Estoy íntimamente convencido de tener razón, lo que no sé es si se me dará la razón durante el tiempo de mi vida. Los primeros hombres en iniciar este movimiento difícilmente contemplarán su apoteosis final. Pero ya el mero hecho de haberlo iniciado llena su existencia de un inmenso orgullo y de la felicidad inherente a la libertad interior.

Al objeto de proteger el proyecto de la sospecha de utopía quisiera también ahorrar detalles pintorescos en su pintura. Así y todo, presumo que con cerril ironía se intentará debilitar el todo por medio de la caricatura de mi proyecto. Por lo demás, un sesudo judío al que se lo referí, me dijo: «Ese detalle futuro, dado por real, es la marca de la utopía». Eso es falso. Cualquier ministro de Hacienda elabora sus presupuestos con cifras relativas al futuro, y no sólo con las recabadas del promedio de los años precedentes o de otros anteriores, y de los ingresos obtenidos en otros Estados, sino también con cifras sin precedentes, como, por ejemplo, la introducción de un nuevo impuesto.

No es menester haber visto nunca un *budget*[1] para saberlo. ¿Se considerará, pues, una utopía todo proyecto de ley de hacienda, aun cuando se sepa que el presupuesto no será escrupulosamente observado? Pero yo planteo exigencias todavía más graves a mis lectores. De la gente ilustrada a la que me dirijo pretendo una nueva meditación y un nuevo reaprendizaje de muchas antiguas ideas. Y de los mejores judíos que se han esforzado con denuedo por dar solución a la cuestión judía pretendo, por cierto, que consideren todas sus tentativas anteriores fracasadas e ineficaces.

En la exposición de mis ideas he de afrontar un peligro. Si expreso con reservas cuanto concierne al futuro se tendrá la impresión de que ni yo mismo creo en su posibilidad. Si, por el contrario, proclamo sin reservas su realización, entonces quizá parezca una quimera.

Por ello, afirmo clara y resueltamente: creo en la posibilidad de su realización, aun cuando no presuma haber dado con la forma definitiva de la idea. El Estado judío es una necesidad mundial: por tanto, se erigirá.

Si el de sus promotores fuera un reducido número, sería desde luego un asunto descabellado; en cambio, si fueran muchos los judíos que simultáneamente lo hacen suyo sería plenamente razonable, y su realización no revestiría mayor dificultad. La idea depende tan sólo del número de sus sostenedores. Tal vez sea nuestra ambiciosa juventud, a la que actualmente se le cierran todas las salidas, y a la que sólo un Estado judío abre la luminosa perspectiva de honor, libertad y felicidad, la que se cuide en difundir la idea.

Personalmente, con la publicación de este libro doy por concluida mi tarea. Retomaré la palabra sólo si me constriñen a ello opositores de valía, o bien si es menester confutar objeciones imprevistas o zanjar errores.

¿No es apropiado esto que estoy diciendo para el mundo de hoy? ¿Estoy anticipando los tiempos? ¿No son todavía los sufrimientos de los judíos demasiado grandes? Ya veremos.

Así pues, depende sólo de los judíos que este escrito sobre el Estado quede en mera novela política. Si la generación actual es todavía obtusa, otra mejor, más noble, vendrá. Los judíos que lo quieran tendrán su Estado, y se lo habrán ganado.

---

1   En inglés en el texto original. N. del T. [*Prespuesto* N. del E.]

I. INTRODUCCIÓN

Las opiniones sobre economía política de ciertos hombres bien introducidos en la vida práctica son a menudo un tanto desconcertantes. Sólo así puede explicarse que también los judíos repitan crédulamente el lema de los antisemitas: hemos vivido a costa de los «pueblos anfitriones» y, si no fuera por ellos, pereceríamos de inanición. Es ese uno de los puntos en los que se pone de relieve el debilitamiento de nuestro orgullo a causa de acusaciones injustas. ¿Cuál es la verdadera situación respecto de los «pueblos anfitriones»? Aun cuando actualmente no descanse en la antigua estrechez fisiocrática, sí se basa en un error infantil, esto es, que en la circulación de mercancías sean siempre las mismas cosas las que lo hagan. Ahora bien, no tenemos por qué despertarnos de un prolongado sueño, como Rip van Winkle, para entender que el mundo se transforma mediante la incesante aparición de nuevas mercancías. En esta época que vivimos, extraordinaria por mor del progreso técnico, incluso el más pobre de espíritu, pese a sus ojos cerrados, ve cómo emergen en torno a sí nuevas mercancías. El espíritu de empresa las ha creado.

El trabajo sin espíritu de empresa es estacionario, viejo; típico ejemplo el del campesino, que sigue aún allí donde ya estaban sus antepasados hace miles de años. Todo el bienestar material se debe al empresario. Casi que uno se avergüenza al escribir banalidad semejante. Por tanto, aun cuando no fuéramos más que empresarios —como con necia exageración se afirma—, no necesitaríamos de ningún «pueblo anfitrión». No dependemos de ninguna circulación siempre igual de mercancías, porque las producimos nuevas.

Disponemos de trabajo-esclavo de una fuerza inaudita, cuya aparición en la sociedad supuso una competencia letal para el artesanado: son las máquinas. Se requieren también, cierto, trabajadores que hagan funcionar las máquinas, pero para tales menesteres contamos con bastantes hombres, demasiados. Sólo quien desconozca la situación de los judíos en amplias comarcas de Europa oriental osará afirmar que a los judíos el trabajo manual ni les vaya ni les guste. Mas yo, en este escrito, no quiero emprender ninguna defensa de los judíos. Sería inútil. Al respecto, ya ha sido todo dicho, con la razón tanto como con el corazón. Ahora, empero, no es suficiente con hallar las razones apropiadas a la inteligencia y al ánimo: el que escucha debe ante todo ser capaz de comprender; de lo contrario sería predicar en el desierto. Pero si el que escucha lo hace ampliamente y a fondo, en tal caso toda prédica es en sí superfina. Creo en el proceso que lleva a los hombres a un grado de civilización creciente; sólo que lo tengo por desesperadamente lento. Si hubiéramos de esperar a que la sensibilidad del hombre medio alcanzara la serenidad que tenía Lessing cuando escribió *Natán el Sabio*, en tal caso transcurriría nuestra entera vida, y la de nuestros hijos, nietos y bisnietos. De ahí que el espíritu universal acuda en nuestro auxilio de otra parte.

El presente siglo nos ha traído un espléndido renacimiento merced a las conquistas de la técnica. Pero ese progreso fabuloso no ha sido utilizado en beneficio de la humanidad. Las distancias en la superficie terrestre han quedado sobrepasadas y, pese a ello, continuamos atormentándonos con la falta de espacio. Velozmente y sin riesgos surcamos ahora en grandes barcos de vapor mares antaño desconocidos. Seguros ferrocarriles te suben por montañas a las que antes temerosamente se ascendía a pie. Cosas que pasan en países aún no descubiertos cuando Europa encerraba a los judíos en los guetos, las conocemos hoy alguna hora después. Justo *por eso es* la mísera condición judía un anacronismo: no porque haya habido hace cien años una Ilustración que, a decir verdad, sólo existió para los espíritus más preclaros.

Ahora bien, considero que la luz eléctrica en absoluto se haya inventado para que algunos esnobs pudieran iluminar sus salones, sino para resolver, gracias a su claridad, los problemas de la humanidad. Uno, y no menor, es la cuestión judía. Mientras le damos solución, no sólo laboramos en pro de nosotros mismos, sino también en favor de otros muchos abrumados y agobiados.

La cuestión judía existe. Sería necio negarlo. Se trata de una carga arrastrada desde la Edad Media y a la que todavía los países civilizados, ni con su mejor voluntad, han podido dar solución. Su magnánima voluntad la mostraron, precisamente, al emanciparnos. La cuestión judía existe doquiera haya un número considerable de judíos. Donde no existe, es transmitida por los judíos que hasta allí emigran. Naturalmente, nos trasladamos a países donde no se nos persigue; empero, nuestra presencia hace brotar la persecución. Eso es así, y seguirá siéndolo por doquier, comprendidos los países más desarrollados —una prueba: Francia— en tanto a la cuestión judía no se dé una solución política. En la actualidad, los pobres judíos están transportando el antisemitismo a Inglaterra: hasta América ya lo llevaron.

Creo entender el antisemitismo, que es un movimiento ciertamente complejo. Lo analizo como judío, pero sin odio ni temor. Creo saber lo que en el antisemitismo hay de broma pesada, rivalidad genérica, prejuicio heredado, intolerancia religiosa, pero también lo que hay en él de presunta legítima defensa. No considero la cuestión judía ni un asunto social ni un asunto religioso, bien que adquiera esas y otras coloraciones. Se trata de una cuestión nacional, y darle solución requiere afrontarla ante todo como una cuestión política mundial, que habrá de ser regulada en el consejo de los pueblos civilizados.

Nosotros somos un pueblo, *un* pueblo.

En todas partes hemos intentado honestamente integrarnos en la comunidad popular con la que convivíamos, preservando sólo la fe de nuestros padres. No se nos dejó. En vano hemos sido leales, y en algunos lugares hasta exaltados patriotas; en vano, al igual que nuestros conciudadanos, hemos sacrificado ñuestros bienes y nuestra sangre; en vano nos hemos esforzado por aumentar la gloria de nuestras patrias en las artes y las ciencias, su riqueza por medio del comercio y el transporte. En nuestras patrias, en las que vivimos ya desde hace siglos, se nos vocifera que somos extranjeros, a menudo por aquellos cuya estirpe aún no se había instalado en el país cuando nuestros padres ya penaban en él. Quién es extranjero en un país lo puede decidir la mayoría: es una cuestión de poder, como todo cuanto afecta a las relaciones internacionales. No renuncio a nada de lo que nos hemos ganado a tan alto precio, aun si yo hablo a título individual, carente de todo mandato. En la actual situación del mundo, y todavía por un periodo imprevisible, la fuerza prevalece sobre el derecho. Así pues, en vano somos por doquier grandes patriotas, como lo fueron los hugonotes, a los que se obligó a emigrar. Si se nos dejase en paz...

Mas creo que no se nos dejará en paz. Por medio de la opresión y de las persecuciones no se conseguirá exterminarnos. No hay pueblo en la historia que haya sufrido más luchas y padecimientos que nosotros. La caza de judíos lo único que ha conseguido siempre ha sido que los más débiles de entre los nuestros nos renegaran. Los más fuertes de entre los judíos han permanecido obstinadamente fieles a sus raíces cada vez que las persecuciones estallaron. Es cuanto ha podido verse con claridad en el periodo inmediatamente sucesivo a la emancipación de los judíos. A los judíos espiritual y materialmente preeminentes les abandonó completamente el sentimiento de pertenencia colectiva. Nos basta un cierto tiempo de bienestar político para que por doquier nos asimilemos; no hay por qué rasgarse las vestiduras, me parece. El estadista que desee para su país el aporte judío, por tanto, habría de velar por la duración de nuestro bienestar político. Lo cual, ni al mismísimo Bismarck resulta posible.

Y es que los viejos prejuicios están profundamente arraigados en el alma popular. Quien quiera hacerse una idea al respecto no tiene más que prestar atención al pueblo allí donde este se expresa con mayor franqueza y sencillez: fábulas y proverbios son antisemitas. En todas partes el pueblo es un niño grande, bien que educable; pero esa educación, aun en el mejor de los casos, requeriría de un espacio de tiempo tan enorme que nosotros, según dije, podemos haber resuelto el problema mucho antes por otras vías.

La asimilación, que para mí desde luego no consiste sólo en apariencias, tales como el modo de vestir, ciertas formas de vida, de hábitos y de lengua, sino en una identidad de pensamiento y carácter; la asimilación de los judíos podrá tener lugar por doquier sólo mediante matrimonios mixtos. Pero estos tendrían que ser sentidos por la mayoría como una necesidad; de ninguna manera resulta suficiente con declarar los matrimonios mixtos como legalmente admisibles. Los liberales húngaros, que lo acaban de hacer, han incurrido en un notable error. El matrimonio mixto, establecido en modo doctrinario, queda bien ilustrado en uno de sus primeros casos, el de un judío bautizado desposado con una judía. La lucha por la forma actual de matrimonio con frecuencia ha agudizado, sin embargo, las tensiones entre cristianos y judíos en Hungría, por lo que para el cruce de razas ha terminado resultando más nociva que útil. Quien en verdad desee la desaparición de los judíos por medio de la asimilación sólo tiene ante sí una posibilidad. Los judíos habrían de alcanzar previamente tal poder económico que les permitiera superar el antiguo prejuicio social. De la aristocracia proviene el ejemplo, pues es en su seno donde tiene lugar el mayor número de relaciones mixtas. La vieja nobleza se lucra de nuevo con el dinero judío, y es así como familias judías son reabsorbidas. ¿Pero cuál será la forma que adoptará dicho fenómeno entre las clases medias, sede de la cuestión judía desde el momento en que los judíos son un pueblo de clases medias? En este caso, el previo y necesario acceso de los judíos al poder coincidiría con su predominio económico, cosa que por cierto ya se afirma, pese a su falsedad. Y si el actual poder de los judíos provoca ya tales gritos de rabia y de auxilio por parte de los antisemitas, ¿a qué explosiones no se asistiría de producirse un ulterior aumento del mismo? Un tal primer grado de la asimilación no puede alcanzarse, pues equivaldría al sometimiento de la mayoría por una, hasta hace poco, minoría despreciada y que no detenta ni el poder militar ni el administrativo. Por todo ello considero improbable la asimilación de los judíos por la vía de la prosperidad. Los países actualmente antisemitas serán de mi parecer. En los otros, donde por el momento los judíos gozan de bienestar, presumiblemente mis congéneres refutarán con máxima firmeza mis consideraciones. Me creerán más tarde, cuando se desate una nueva caza al judío. Y cuanto más tiempo se haga esperar el antisemitismo, mayor será su furia cuando estalle. La infiltración de judíos emigrados, llevados por la aparente seguridad, tanto como los crecientes movimientos de clase de los judíos autóctonos, actúan con violencia al conjugarse, e impulsan hacia la subversión. Nada más simple que dicho razonamiento.

Ahora bien, que yo lo traiga a colación con ligereza y atento sólo a la verdad me reportará previsiblemente la protesta y aun hostilidad de los judíos que viven en condiciones favorables. En la medida en que se trata de intereses privados, cuyos portadores se sienten amenazados a causa de su estulticia y su cobardía, cabría pasarlos por alto con irónico desprecio: la causa de los pobres y de los oprimidos es, en efecto, más importante. Con todo, quisiera evitar por anticipado toda idea equivocada, en particular la de que si el presente proyecto llegase a ver la luz algún día los judíos acomodados sufrirían daños en su patrimonio. Por ello quisiera explicar en detalle lo relativo al derecho patrimonial. Si, en cambio, aquel sólo llegara a existir sobre el papel, las cosas seguirían como antes.

Mayor seriedad reviste la objeción de que doy razón a los antisemitas cuando declaro que nosotros somos un pueblo, un pueblo; que pongo obstáculos a la asimilación de los judíos donde ellos quieren llevarla a cabo, y que la pongo en peligro ulteriormente donde ya se produjo, siempre y cuando yo, escritor aislado, pueda disponer de alguna capacidad de impedir o de poner en peligro algo.

Esa objeción provendrá en particular de Francia. La espero también de otros lugares, pero quiero responder por adelantado tan sólo a los judíos franceses, pues proporcionan el más indicado ejemplo.

Por mucho que admire la personalidad, la fuerte personalidad individual del estadista, del inventor, del artista, del filósofo o del general, tanto como la personalidad colectiva de un grupo histórico de hombres, al que denominamos pueblo; por mucho que admire la personalidad, no lamento, empero, su ocaso. Quien puede, quiere o ha de sucumbir, debe sucumbir. Mas el pueblo judío ni puede, ni quiere, ni ha de sucumbir. No puede porque enemigos externos lo inducen a mantenerse unido; que no quiere lo ha probado durante dos milenios de penar indecible. Ni ha de hacerlo: es esto lo que trato de exponer en esta obra, después de muchos otros judíos que nunca perdieron la esperanza. Ramas enteras de la colectividad judía pueden perecer, caerse; el árbol vive.

No obstante, si todos o algunos judíos franceses protestan contra este proyecto porque ellos estarían recién *asimilados*, en tal caso mi respuesta es sencilla: nada de aquel les concierne. ¡Ellos son franceses de raza judía, perfecto! Pero aquel es un asunto interno de los judíos.

En cualquier caso, el movimiento en favor de la creación de un Estado que estoy proponiendo habrá de perjudicar tan poco a los franceses de raza judía, como a los *asimilados* de otros países. Por el contrario, ¡útil será para ellos, útil! Pues no se les molestaría ya en su «función cromática», por usar las palabras de Darwin. Podrían asimilarse tranquilamente, pues el antisemitismo actual para siempre habría sido puesto bajo silencio. Mas se les creerá de una vez por todas asimilados, incluso en lo más profundo de su alma, cuando tras el establecimiento del nuevo Estado judío con sus óptimas instituciones ellos sigan viviendo donde viven.

Una ventaja aún mayor que la de los ciudadanos cristianos obtendrán los *asimilados* del alejamiento de los judíos ortodoxos, pues estos se verán libres de la incómoda, incalculable e inevitable competencia del proletariado judío, al que la opresión política y la necesidad económica lanzan de aquí para allá y de un país a otro. Ese proletariado oscilante quedaría sujetado. Hoy día, muchos ciudadanos cristianos —antisemitas se les llama— pueden oponerse a la inmigración de judíos extranjeros. Los ciudadanos de raza judía no pueden hacerlo, aunque se ven más gravemente afectados, dado que sobre ellos recae la competencia de individuos en idéntica condición económica, quienes además importan también el antisemitismo o bien agudizan el ya existente. Es una aflicción secreta de los asimilados, que aspira a desahogarse en obras de *beneficencia*. Fundan asociaciones de emigración para judíos recién llegados. Fenómeno ese que supone un contrasentido que podría considerarse gracioso de no tratarse de gente que sufre. Más de una de estas asociaciones de apoyo están no a favor, sino en contra de los judíos perseguidos. A los más pobres se les debe echar no sólo lo más pronto, sino lo más lejos posible. Y así, en atenta observación, se llega a descubrir que algunos aparentes amigos de los judíos son sólo antisemitas de origen judío disfrazados de bienhechores.

Empero, las tentativas de colonización de hombres realmente bienintencionados tampoco han fructificado hasta ahora, bien que fueran tentativas interesantes. No creo que, para algunos, se haya tratado de un deporte, que hayan permitido emigrar a los judíos pobres como quien deja correr a los caballos. No cabe semejante explicación para asunto tan grave y triste. Interesantes fueron tales tentativas en la medida en que representan a escala reducida una anticipación práctica de la idea de Estado judío. E incluso fueron útiles en la medida en que se cometieron errores a partir de los cuales mucho se puede aprender para su realización a gran escala. A decir verdad, tales tentativas también provocaron daños. La extensión del antisemitismo a nuevas áreas, necesaria consecuencia de tan artificiosa infiltración, me parece el menor de ellos. Mucho peor es que su insatisfactorio resultado haya levantado entre los propios judíos dudas acerca de las capacidades del material humano judío. Sin embargo, entre las personas inteligentes las dudas pueden disiparse con el simple argumento siguiente: lo que en pequeña escala es inadecuado o impracticable, no tiene por qué serlo a gran escala. Una pequeña empresa puede arrojar pérdidas en unas condiciones en las que otra grande se revela rentable. Un arroyo no es navegable ni para las barcas; el río en el que desemboca transporta imponentes buques de hierro.

Nadie hay tan rico o fuerte como para trasladar la residencia de un pueblo de un lugar a otro. Eso sólo lo puede una idea. La idea de Estado sí tiene una fuerza tal. A lo largo de la entera noche de su historia los judíos no han cesado de soñar este sueño regio: «¡El próximo año en Jerusalén!» es nuestro antiguo lema. Ahora se trata de mostrar que del sueño puede surgir una idea clara como el día.

Al respecto, lo primero que ha de hacerse es *tabula rasa* en el alma de algunas concepciones antiguas, superadas, intrincadas y restrictivas. Así, lo que ante todo pensarán los obtusos cerebros es que la emigración desde la cultura haya de conducir al desierto. ¡No es cierto! La emigración tiene lugar en el interior de la cultura. No decae a un nivel inferior, sino que asciende a uno superior. No son cabañas, sino casas más modernas y hermosas lo que ahora se construye, y que se llegan a poseer sin riesgos. No se pierden los bienes adquiridos, sino que se revalorizan. Se cede el justo derecho propio sólo a cambio de otro mejor. No se separa uno de sus costumbres queridas, sino que las reencuentra. No se abandona el viejo hogar antes de que el nuevo esté listo. Parten siempre tan sólo los que están seguros de mejorar su situación. Antes los desesperados, luego los pobres, después los acomodados, los ricos por último. Los primeros en partir pasan a la capa superior, hasta que esta última envía a sus miembros. La emigración es también un ascendente movimiento de clase.

Y tras los judíos que se van no surgen ni problemas económicos, ni crisis, ni persecuciones de ningún tipo, sino que más bien despunta un periodo de bienestar en los países que dejaron. Una migración interna de ciudadanos cristianos, hacia los puestos abandonados por los judíos, tiene ahora lugar. La salida se produce lentamente, sin trastorno alguno, y ya su inicio marca el fin del antisemitismo. Los judíos parten como amigos respetables, y cuando alguno, a título individual, retorna, los países civiles lo acogen y tratan con idéntica benevolencia a la de cualquier otro extranjero. Tal migración no es en absoluto una fuga, sino un ordenado flujo bajo control de la opinión pública. El movimiento no sólo transcurre por cauces del todo legales: su ejecución depende en exclusiva de la amistosa colaboración de los gobiernos implicados, del que obtienen ventajas básicas.

En aras de la pureza de la idea y de la eficacia de su ejecución son necesarias las garantías ofrecidas por las llamadas personas *morales* o *jurídicas*. Quisiera mantener separadas esas dos definiciones que demasiado a menudo el lenguaje jurídico equipara. Como *persona moral*, que en cuanto sujeto de derecho se halla *fuera de la esfera patrimonial privada*, establezco la Society of Jews. Junto a ella está la *persona jurídica* de la Jewish Company, que es una *sociedad con fines de lucro*.

El individuo que mostrara la intención de emprender una obra de tales riesgos bien podría ser un estafador o un loco. Avala la pureza de la persona moral el carácter de sus miembros. Con su capital demuestra la persona jurídica la solidez de su potencia.

Con la serie de observaciones anteriores sólo aspiraba a contrarrestar a la carrera el enjambre de objeciones iniciales que la mera expresión «Estado judío» suscita de por sí. En lo que sigue queremos dar mayor sosiego a nuestra exposición, rebatir otras objeciones y exponer más detalladamente ciertas alusiones ya hechas; empero, y en interés del escrito, que debe ser fluido, se buscará evitar en lo posible todo rasgo de pesantez. Capítulos breves de aforismos resultan lo más indicado al respecto.

Si quiero poner un edificio nuevo en el solar de otro antiguo, primero he de demoler y luego construir. Me atendré pues a orden tan razonable. Antes de nada, la parte general, dedicada a esclarecer los conceptos, hacer limpieza de representaciones enmohecidas, fijar los presupuestos políticos y económicos, así como desarrollar el proyecto.

En la parte específica, desdoblada en tres capítulos principales, hay que ilustrar su ejecución. Los tres capítulos principales son: la Jewish Company, los grupos locales y la Society of Jews. Lo primero en surgir ha de ser la Society, y lo último la Company; sin embargo, en el proyecto se recomienda seguir el orden inverso, habida cuenta de que las principales objeciones se levantarán contra su viabilidad financiera, las cuales habrán de ser confutadas desde el principio.

En la parte conclusiva se librará una última batalla contra el resto de objeciones presumibles. Ojalá que mi lector judío me siga pacientemente hasta el final. A más de uno las objeciones se le aparecerán en un orden diverso al elegido aquí para su crítica. Mas aquel que vea vencidos racionalmente sus escrúpulos deberá sumarse a dicho proyecto.

Mientras me estoy dirigiendo a la razón reconozco, no obstante, que la razón sola no basta. Un encarcelado desde antiguo no deja con gusto la prisión. Veremos si la juventud, a la que necesitamos, ya se ha hecho adulta; la juventud, que arrastra consigo a los viejos, se los echa sobre sus fuertes brazos y trasmuta en entusiasmo los motivos de la razón.

II. PARTE GENERAL

LA CUESTIÓN JUDÍA

Nadie negará la situación de agobio en la que se hallan los judíos. En todos los países donde su número es considerable, poco o mucho, se les persigue. Casi por todas partes la igualdad de derechos ha sido suprimida en su contra, aun cuando la ley la mantenga. En estos momentos ya les está vedado el acceso a grados medio-altos en el ejército o en los empleos públicos y privados. Se intenta apartarles del comercio: «No compréis a los judíos».

Las agresiones en los parlamentos, las asambleas, la prensa, en los púlpitos de las iglesias, en las calles, al viajar —prohibición de pernoctar en determinados hoteles—, e incluso en los lugares de esparcimiento, aumentan de día en día. Las persecuciones cobran un carácter diverso según los países o los ambientes sociales. En Rusia, aldeas judías son saqueadas; en Rumania se mata a golpes a dos de ellos; en Alemania, de cuando en cuando se les zurra porque sí; en Austria, los antisemitas aterrorizan la entera vida pública; en Argelia, se las ven con predicadores de la caza al emigrante; en París, la llamada buena sociedad se pliega sobre sí misma, los círculos sociales se cierran a los judíos. Los matices son innumerables. Por lo demás, no se trata de hacer aquí un plañidero recuento de todas las penalidades de los judíos. No queremos detenernos en los detalles, por dolorosos que sean.

No es mi intención crear a nuestro alrededor una atmósfera de sentida intimidad. Todo eso es pútrido, vano e indigno. Me doy por satisfecho con preguntar a los judíos: ¿es verdad que en los países en los que somos un número considerable, la situación de los judíos abogados, médicos, técnicos, enseñantes y empleados de todo tipo se hace cada vez más insoportable?, ¿es verdad que toda nuestra capa media está gravemente amenazada?, ¿es verdad que todas las pasiones del vulgo son atizadas contra nuestros ricos?, ¿es verdad que nuestros pobres sufren mucho más que cualquier otro proletariado?

Creo que la opresión está presente por doquier. En las capas económicamente superiores de los judíos se trata de una forma de malestar. En las medias es grave y sorda congoja. En las inferiores, pura desesperación.

El hecho es que en todas partes sucede lo mismo, y puede resumirse en la clásica exclamación berlinesa: «Fuera los judíos». Expresaré ahora la cuestión judía en su forma más descarnada: ¿hemos de irnos ya?, ¿y adonde?

¿O podemos quedarnos aún? ¿Cuánto tiempo?

Demos cuenta en primer lugar de la cuestión de la permanencia. ¿Cabe esperar tiempos mejores, armarnos de paciencia, aguardar resignados la voluntad divina, que los príncipes y los pueblos de la tierra muestren mayor condescendencia hacia nosotros? ¿Por qué? Los príncipes, aun cuando estemos tan próximos a su corazón como los demás ciudadanos, no pueden protegernos. Atizarían el odio a los judíos si demostraran demasiada benevolencia hacia los judíos. Y por *demasiada* hay que entender menos de la que reclama cualquier normal ciudadano o cualquier grupo étnico. Los pueblos en los que viven los judíos son todos ellos, de manera más o menos vergonzosa, antisemitas. El pueblo llano no tiene, ni puede tener, ninguna comprensión de la historia. No saben que los pecados de la Edad Media vuelven a estar presentes en los pueblos europeos. Somos el resultado del gueto. Hemos alcanzado sin duda cierta preponderancia en los negocios de dinero, porque en la Edad Media se nos arrojó a ello. Ahora vuelve a repetirse lo anterior. De nuevo se nos confina al mundo del dinero, que hoy se llama bolsa, y se nos separa de los restantes ramos de la industria. Pero el que operemos en la bolsa ha pasado a ser, una vez más, un motivo de desprecio. Sin embargo, producimos sin descanso individuos de inteligencia media, que no tienen salida y representan por ello un peligro para la sociedad análogo al del aumento de los patrimonios. Los judíos ilustrados y desposeídos van a parar todos al socialismo. Las luchas sociales, pues, tendrán lugar sobre nuestras espaldas, porque tanto en el campo socialista como en el capitalista ocupamos las posiciones más a la vista.

INTENTOS DE SOLUCIÓN HASTA HOY

Los medios artificiales aplicados hasta hoy para superar la situación de apremio de los judíos fueron o insuficientes sin más, como las diversas colonizaciones, o mal ideados, como las tentativas de convertir a los judíos en campesinos en sus actuales patrias.

¿Qué se consigue con trasladar a un par de miles de judíos a otra comarca? Pues o prosperan, con lo que el antisemitismo sigue al aumento de sus patrimonios, o se van rápidamente a pique. De los intentos de traslado de los judíos pobres a otros países ya nos ocupamos anteriormente. El traslado es en cualquier caso insuficiente e inútil, cuando no directamente inoportuno. Todo ello no hace sino suspender, demorar y quizá hasta dificultar la solución.

Y quien quiere transformar a los judíos en agricultores está incurriendo en un error extraño. Campesino es, en efecto, una categoría histórica, lo cual se reconoce mejor que nada por la indumentaria, antiquísima en la mayor parte de los países, al igual que sus utensilios de trabajo, los mismos que en tiempos de sus antepasados. Su arado es aún el de siempre, siembra con el mandil puesto, siega con la hoz de entonces y trilla con el mayal. Sin embargo, sabemos que actualmente hay máquinas para todo eso. La cuestión agraria es sólo un asunto de máquinas. América debe ganar a Europa, tal y como el latifundio engulle el minifundio. El campesino es por tanto una figura en vías de extinción. Si se le conserva artificialmente en vida es a causa de los intereses políticos de que depende. Recrear nuevos campesinos a partir de antiguas recetas es empresa tan vana como demente. Nadie es tan rico o fuerte como para frenar con violencia la cultura. Ya el mantenimiento de condiciones culturales anticuadas es un cometido extraordinario para el que apenas si bastarían todos los instrumentos de poder puestos en juego por un Estado autocrático.

¿Se pretende, pues, que el judío, sujeto inteligente por naturaleza, se convierta en un campesino a la antigua usanza? Eso sería como si se le dijese a un judío: «Aquí tienes una ballesta, ¡ve a la guerra!». ¿Cómo, con una ballesta cuando los demás tienen fusiles de pequeño calibre y cañones de tipo Krupp? Los judíos a los que se quiere convertir en campesinos tienen pleno derecho a no moverse ni un palmo en tales circunstancias. La ballesta es un arma bonita, que hasta me pone melancólico cuando tengo tiempo. Pero su sitio es el museo.

Ahora bien, hay ciertas regiones en donde la desesperación lleva a los judíos a ir o a querer ir a los campos. Y ahí se pone de relieve cómo en tales lugares —el enclave de Hesse en Alemania y algunas provincias rusas— el antisemitismo se incuba más rápidamente.

Y es que los reformadores del mundo que envían a los judíos a labrar se olvidan de una persona con mucho que decir al respecto: el campesino. También el campesino tiene pleno derecho. Los impuestos sobre la propiedad rural, los peligros conexos a las cosechas, la presión de los grandes propietarios, que producen más barato, y en especial la competencia americana ya le amargan lo bastante la vida. Además, los aranceles sobre el grano no pueden crecer al infinito. Tampoco se puede matar de hambre a los trabajadores; más aún, se les ha de mirar con mayor respeto desde el momento en que su influencia política va en aumento.

Todas estas dificultades son bien conocidas, de ahí que las mencione sólo de pasada. Quería señalar meramente el nulo valor de las tentativas de solución desarrolladas hasta el presente, pese a los laudables propósitos de la mayoría de las mismas. Ni el traslado, ni la artificial contracción del nivel espiritual de nuestro proletariado servirán de ayuda al respecto.

El milagroso medio de la asimilación ya lo hemos examinado.

No se aborda así el antisemitismo. Este no puede ser eliminado mientras no se eliminen sus causas. Ahora bien, ¿son estas eliminables?

CAUSAS DEL ANTISEMITISMO

No hablamos ahora de razones emotivas, de antiguos prejuicios o de estupideces, sino de las causas políticas y económicas. Nuestro actual antisemitismo no debe confundirse con el odio religioso a los judíos de otros tiempos, aun cuando también hoy el odio a los judíos tiene en algunos países una coloración confesional. En la actualidad, el rasgo predominante del movimiento antisemita es otro. En los países de alto desarrollo del antisemitismo, este es consecuencia de la emancipación de los judíos. Cuando los pueblos civilizados comprendieron la inhumanidad de las leyes especiales y nos dejaron libres, tal liberación llegó demasiado tarde. Donde vivíamos, las leyes ya no bastaban para emanciparnos. Curiosamente, en el gueto nos convertimos en un pueblo de clases medias, y representábamos una terrible competencia justo para la clase media. De pronto, tras la emancipación, nos encontrábamos en los dominios de la burguesía, y hubimos de soportar una doble opresión, desde dentro y desde fuera. La cristiana burguesía estaría bien dispuesta a darnos en pasto al socialismo, sólo que eso serviría de poco.

Con todo, la paridad de derechos de los judíos, donde existe, ya no puede ser anulada. No sólo porque iría contra la mentalidad actual, sino también porque ello enviaría de inmediato a todos los judíos, pobres y ricos, a los partidos subversivos. Nada puede hacerse de verdad efectivo contra nosotros. Antaño se les quitaban a los judíos las joyas. ¿Pero cómo poner hoy las manos sobre nuestros bienes muebles? Se valen de trozos de papel impreso, guardados en algún lugar de la tierra, quizá en cajas fuertes cristianas. Ahora se puede simplemente imponer impuestos sobre las acciones y títulos privilegiados de ferrocarriles, bancos y empresas de todo tipo, y donde existe el impuesto progresivo sobre la renta es posible actuar sobre el entero complejo de la riqueza mueble. Sólo que semejantes intentos no pueden dirigirse únicamente contra los judíos, y donde, con todo, aún se pretende hacerlo rápidamente sobrevienen graves crisis económicas en ningún modo limitadas a los judíos, los primeros, por cierto, en padecerlas. A causa de dicha imposibilidad de sobretasar a los judíos, es sólo el odio lo que se fortifica y encona. El antisemitismo crece de día en día, de hora en hora, en las poblaciones, y tiene que seguir aumentando porque las causas permanecen y no pueden ser eliminadas. La causa remota es la pérdida, ocurrida en la Edad Media, de nuestra asimilabilidad; la causa próxima, nuestra sobreproducción de inteligencias medias, sin posibilidad de salida hacia abajo ni de subida hacia arriba, es decir, carecen de salida y de subida razonables. Hacia abajo nos hacemos proletarios y subversivos —todos los cuadros subalternos de los partidos revolucionarios proceden de nosotros—, mientras hacia arriba aumenta al mismo tiempo nuestro temible poder financiero.

EFECTOS DEL ANTISEMITISMO

La opresión llevada a cabo contra nosotros no nos vuelve mejores. No somos distintos de los demás hombres. Desde luego, no amamos a nuestros enemigos. Pero sólo quien sea capaz de sobreponerse a sí mismo puede dirigirnos reproches. De manera natural la opresión genera en nosotros hostilidad contra quienes nos vejan, y nuestra hostilidad acarrea un aumento en la opresión. Salir de este círculo vicioso es imposible.

«¡Que sí!», dirán los ilusos de corazón blando: «sí es posible. ¡En cuanto se motive la bondad de los hombres!». ¿De verdad tengo que demostrar qué tipo de monserga sentimental sea esta? ¡Quien quisiera asentar el mejoramiento de las condiciones en la bondad de todos los hombres estaría sin duda escribiendo una utopía!

Ya hablé de nuestra *asimilación*. Pero nunca dije que la desee. Demasiado conocida es históricamente la personalidad de nuestro pueblo y demasiado elevada, pese a tanta humillación, como para desear su ocaso. Pero quizá hasta pudiéramos desaparecer sin dejar huella en cualquiera de los pueblos de nuestro entorno sólo con que nos dejaran en paz durante dos generaciones. Mas en paz no se nos dejará. Tras breves períodos de tolerancia se renueva sin tregua la hostilidad contra nosotros. Algo de provocador parece contener nuestro bienestar, pues el mundo lleva siglos acostumbrado a vernos como los más despreciables de los pobres. Pero, será ignorancia o mezquindad, nadie repara en que nuestro bienestar nos debilita en cuanto judíos y disuelve nuestras peculiaridades. Sólo la opresión vuelve a embutirnos en el antiguo tronco, sólo el odio de nuestro entorno nos vuelve una vez más extranjeros. De modo que, lo queramos o no, somos y permanecemos un grupo histórico de reconocida afinidad.

Somos un pueblo: con independencia de nuestra voluntad, el enemigo nos vuelve tal, como siempre ocurrió a lo largo de la historia. La opresión nos junta y es entonces cuando de pronto descubrimos nuestra fuerza. Sí, tenemos la fuerza para construir un Estado, o mejor: un Estado modelo. Poseemos todos los medios humanos y materiales necesarios al respecto.

Este sería sin duda el lugar donde hablar de nuestro *material humano*, por decirlo de manera algo ruda. Pero antes hemos de dar a conocer las líneas básicas a las que se habrá de reconducir todo.

EL PROYECTO

El entero proyecto es en su forma fundamental infinitamente sencillo, y así ha de ser si todos los hombres deben comprenderlo.

Dénsenos soberanía sobre un trozo de la superficie terrestre suficiente para cubrir nuestras necesidades como pueblo; de lo demás ya nos encargaremos nosotros.

Nada hay de bufo o imposible en el surgir de una nueva soberanía. Hemos tenido en nuestros días ocasión de presenciarlo en pueblos en los que, al contrario del nuestro, no prevalecen las capas medias, sino que son más pobres e incultos, y por ende más débiles. En concedernos la soberanía están vivamente interesados los gobiernos de los países donde se propaga el antisemitismo.

Para tal menester, sencillo en su principio, pero de difícil ejecución, se crearán dos grandes órganos: la Society of Jews y la Jewish Company.

Lo que la Society of Jews ha elaborado desde un punto de vista científico y político, la Jewish Company lo lleva a la práctica.

La Jewish Company se ocupa de liquidar los intereses patrimoniales de los judíos dispuestos a partir y organiza el intercambio económico en el nuevo país.

Tal y como se ha dicho, la partida de los judíos no debe imaginarse como una cosa repentina. Será gradual y durará decenios. Los primeros en salir serán los más pobres, quienes desbrozarán la tierra. De acuerdo con un plan establecido de antemano construirán carreteras, puentes, ferrocarriles, levantarán telégrafos, regularán ríos y fundarán sus hogares. Su trabajo comporta tráfico; el tráfico, mercados, los mercados atraen nuevos colonos. Y cada cual viene voluntariamente, por su propia cuenta y riesgo. El trabajo que soterramos en la tierra realza el valor del país. Los judíos pronto comprobarán que, merced a su hasta ahora odiado y despreciado espíritu de iniciativa, un nuevo territorio ha sido puesto en explotación.

Si actualmente se quiere fundar un país no se puede hacer en el único modo que hubiera sido posible hace mil años. Es de locos querer retrotraerse a niveles de civilización pretéritos, como es el deseo de algunos sionistas. Si, a título de ejemplo, nos viéramos en la tesitura de tener que limpiar de fieras un territorio no lo haríamos a la manera de los europeos del siglo V. No iríamos solos a cazar osos con lanzas y jabalinas, sino que organizaríamos una gran y festiva cacería, acorralaríamos a las bestias y les arrojaríamos una bomba de melinita.

Si queremos levantar edificios no encajaremos sencillos palafitos a la orilla de los lagos, sino que los construiremos como hoy día se hace. Habrá más atrevimiento y excelencia en nuestras construcciones que hasta ahora, pues disponemos de medios nunca antes conocidos.

A nuestras capas económicamente más bajas se van añadiendo las que están justo por encima. Quienes hoy están desesperados parten los primeros. Nuestra más que media inteligencia, por todas partes perseguida y de la que tenemos sobreproducción, será su guía.

Con el presente texto la cuestión de la emigración judía ha de someterse a discusión general. Empero, esto no significa que haya de decidirse en votación. En tal modo todo estaría perdido de antemano. Quien no quiera venir, puede quedarse. La oposición de individuos singulares es indiferente. Quien sí quiera, póngase tras nuestra bandera y defiéndala con palabras, escritos y acciones.

Los judíos que se reconocen en nuestra idea de Estado, reúnanse en torno a la Society of Jews. En tal modo ella adquiere autoridad para hablar y tratar con los gobiernos en nombre de los judíos. La Society, para decirlo con una analogía del derecho internacional, es reconocida como poder constituyente del Estado. Y con ello el Estado estaría ya constituido.

Ahora bien, si las potencias se muestran dispuestas a garantizar al pueblo judío la soberanía sobre un país neutral, a la Society tocaría entonces tratar sobre el país al que ir. Dos son las zonas a tomar en consideración: Palestina y Argentina. En las dos se han producido ya tentativas de colonización a tener en cuenta; eso sí, siguiendo el erróneo principio de la paulatina infiltración de los judíos. La infiltración, así, por fuerza terminará mal: pues llega siempre el momento en que el gobierno, ante las presiones de la población que se siente amenazada, bloquea ulteriores aflujos de judíos. En consecuencia, la emigración sólo tiene sentido sobre la base de la seguridad de nuestra soberanía.

La Society of Jews tratará con los actuales Estados soberanos, y desde luego bajo el protectorado de las potencias europeas, siempre y cuando el proyecto les resulte evidente. Podemos garantizar a los actuales Estados soberanos enormes ventajas, hacernos cargo de parte de su deuda, construir calzadas, también necesarias para nosotros, y muchas otras cosas. Pero es que ya el mero surgir del Estado judío será beneficioso a los países colindantes, pues tanto en lo grande como en lo pequeño la cultura de una región aumenta el valor de cuanto la rodea.

¿PALESTINA O ARGENTINA?

¿Qué preferir, Palestina o Argentina? La Society tomará lo que se le dé, pero no sin prestar oídos a la pública opinión del pueblo judío. La Society apreciará las dos cosas. Argentina es, en cuanto a recursos naturales, uno de los países más ricos de la tierra; posee vastísimas llanuras, poca población y un clima templado. La República Argentina tendría un interés enorme en cedernos una porción de su territorio. La actual infiltración judía tan sólo ha producido allí desavenencias; es menester explicar a Argentina el carácter en esencia diferente de la nueva emigración judía.

Palestina es nuestra inolvidable patria histórica. Su solo nombre ejercería un poder de convocatoria fuertemente evocador para nuestro pueblo. Si Su Majestad el Sultán nos concediese Palestina, nosotros podríamos comprometernos a poner completo orden en las finanzas turcas. A favor de Europa construiríamos allí una parte de la fortificación que la defendería de Asia, haríamos de avanzada de la cultura frente a la barbarie. Como Estado neutral mantendríamos relaciones con toda Europa, que estaría en la obligación de garantizar nuestra existencia. Respecto de los santos lugares de la cristiandad cabría buscar una fórmula de derecho internacional que estableciese su extraterritorialidad. Conformaríamos la guardia de honor en torno a los santos lugares, y nuestra propia existencia sería el garante del cumplimiento de dicho deber. Esa guardia de honor sería el gran símbolo para la solución de la cuestión judía, tras dieciocho siglos de penalidades.

NECESIDAD, ORGANISMO, INTERCAMBIOS

En el penúltimo capítulo dije: «La Jewish Company organiza el intercambio económico en el nuevo país». Al respecto creo necesarias algunas explicaciones. Un proyecto como el presente está amenazado en sus fundamentos si los *expertos* se pronuncian en su contra. Ahora bien, los expertos son por lo general unos rutinarios, incapaces de rebasar el estrecho círculo de las viejas ideas. Sólo que su oposición cuenta, y puede causar un gran daño a lo nuevo, al menos mientras lo nuevo no sea lo bastante fuerte por sí mismo como para mandar al garete a los expertos con todas sus apolilladas ideas.

Cuando llegó a Europa la era del ferrocarril más de un experto declaró insensata la construcción de ciertas líneas, «porque allí ni siquiera la diligencia recogía pasajeros suficientes». Por entonces no se conocía aún esa verdad hoy considerada de cajón, a saber, que no son los viajeros los que atraen al tren, sino que, a la inversa, es el tren el que atrae a los viajeros, aun cuando ciertamente deba presuponerse una necesidad latente.

Reparos similares a los de los expertos sobre el ferrocarril son los de esos que no consiguen imaginar cuál deba ser en un país nuevo, aún por tomar en posesión y por poner en cultivo, la organización económica a procurar a los recién llegados. Un experto dirá más o menos lo siguiente: «Concediendo que las circunstancias actuales de los judíos en muchos lugares sean insostenibles y destinadas a empeorar; concediendo que aumente el deseo de emigrar; concediendo incluso que los judíos emigren al nuevo país, ¿cómo y qué ganarán allí? ¿De qué vivirán? Los intercambios de muchos hombres no se organizan artificialmente de un día para otro».

He aquí mi respuesta: en absoluto se trata de organizar artificialmente los intercambios, y menos que nada de que puedan llevarse a cabo de un día para otro. Pero si no cabe organizar así los intercambios, sí se les puede estimular. ¿Cómo? Por medio de un órgano que represente una necesidad. La necesidad quiere ser reconocida, el órgano quiere ser creado: los intercambios, así, se producen solos.

Si la necesidad de los judíos de alcanzar mejores condiciones es verdadera, profunda; si el órgano que gestionará dicha necesidad, la Jewish Company, es lo bastante fuerte, la organización económica del nuevo país se desarrollará plenamente. Cierto que es cosa del futuro: como también era cosa del futuro el desarrollo del ferrocarril para los hombres de los años treinta. Los ferrocarriles, sin embargo, fueron construidos. Afortunadamente, no se hizo ningún caso de los reparos de los expertos en diligencias.

III. LA JEWISH COMPANY

RASGOS BÁSICOS

La Jewish Company ha sido en parte ideada siguiendo el modelo de las grandes sociedades coloniales; una Chartered Company judía, si se quiere. Sólo que no le corresponde el ejercicio de los derechos de soberanía, ni sus tareas son sólo coloniales.

La Jewish Company será fundada como sociedad por acciones, sujeta al derecho inglés, de acuerdo con las leyes y bajo protección de Inglaterra. Su sede principal estará en Londres. A cuánto ascienda su capital social no me es posible decirlo ahora: nuestros numerosos expertos financieros lo calcularán. Pero para no andar por las ramas, quiero suponer que serán necesarios mil millones de marcos. Quizá algo más, quizá algo menos. Del modo de procurarse el dinero, cosa que deberá explicarse aún, dependerá la fracción de la suma total que haya de desembolsarse en efectivo al comienzo de la empresa.

La Jewish Company es una institución transitoria. Es una empresa puramente comercial por siempre cuidadosamente diferenciada de la Society of Jews.

La Jewish Company tiene como principal cometido liquidar los inmuebles de los judíos que parten. El modo en que esto tiene lugar evita crisis, garantiza a cada uno lo suyo y posibilita esa migración interna de los ciudadanos cristianos antes aludida.

VENTA DE INMUEBLES

Los inmuebles a considerar son casas, fincas rústicas y a los parroquianos de las tiendas. Al comienzo, la Jewish Company se declarará dispuesta a mediar sólo en la venta de tales inmuebles. En un primer momento, tales ventas serán libres, sin que se produzca ninguna caída brusca de los precios. Las sucursales de la Company pasarán a ser en cada ciudad centrales de venta de los bienes judíos. Al respecto, cada una percibirá sólo el porcentaje necesario a su sustentamiento.

Ahora bien, el curso del proceso puede traer consigo la disminución del precio de los inmuebles y, en fin, la imposibilidad de venderlos. En ese estadio, la función de intermediaria de la Company se desdobla en nuevos sectores. La Company pasa a ser administradora de los inmuebles abandonados, y aguarda el momento más idóneo para su enajenación. Recauda alquileres urbanos, arrienda fincas rústicas y nombra administradores, como arrendatarios de ser posible; todo en aras de la máxima diligencia. La Company tenderá por doquier a facilitar a tales arrendatarios —cristianos— la adquisición de la propiedad. Poco a poco irá ocupando sus sedes en Europa sólo con empleados cristianos y agentes libres (abogados, etc.), los cuales en absoluto deberán convertirse en siervos de los judíos. Harán, por así decir, las veces de libres entidades de control de la población cristiana, a fin de que todo transcurra con total normalidad, se trate con probidad y buena fe, y en ninguna parte se intente agitación alguna contra el bienestar de la población.

Al mismo tiempo, la Company asumirá el papel de vendedora de bienes, o mejor, los canjeará. Permutará casa por casa, terreno por terreno, eso sí: «en la otra parte». Todo, de ser posible, ha de transferirse como era «en este lado». Y aquí se abre para la Company una fuente de grandes y lícitos beneficios. Dará, «en la otra parte», casas más bonitas y modernas, dotadas de las mayores comodidades, fincas mejores, que sin embargo cuestan mucho menos, pues adquirió los terrenos muy baratos.

LA COMPRA DEL TERRITORIO

El territorio, garantizado por la Society of Jews según el derecho internacional, naturalmente ha de ser también adquirido según el derecho privado.

Los preparativos para el asentamiento concernientes a cada individuo no entran en el marco de la presente exposición. Pero la Company requiere grandes lotes de terreno para sus necesidades y las nuestras. Se asegurará el suelo necesario mediante una compra centralizada. Se tratará principalmente de adquirir la soberanía territorial del dominio público. La meta es hacerse con la propiedad del nuevo territorio evitando que los precios suban a las nubes, al igual que se venderá en el antiguo sin bajarlos demasiado. No cabe temer un alza vertiginosa de los precios, pues el valor de la tierra lo fija la Company, por cuanto es ella la que dirige la colonización en perfecto acuerdo con la Society of Jews, que desempeña tareas de control. Será esta última la que se preocupe por que el resultado de la empresa no sea un Panamá, sino un Suez.

La Company cederá a sus empleados solares en condiciones inmejorables, les concederá créditos amortizables para la construcción de hermosos hogares, que deducirá luego de sus salarios o que irá paulatinamente contando como sobresueldos. Ello, además de la honra que esperan, será asimismo una forma de recompensa por sus servicios.

Los enormes beneficios derivados de la especulación del terreno deben afluir por entero a la Company, puesto que un premio por determinar ha de recibir por el riesgo, como cualquier otro empresario autónomo. Donde la empresa corre riesgos, el beneficio del empresario debe ser aumentado con generosidad. Pero ese es también solo el caso tolerable: la correlación entre riesgo y recompensa constituye la moralidad de las finanzas.

EDIFICIOS

La Company canjeará, pues, viviendas y fincas. La Company obtendrá, es fuerza, beneficios de los terrenos. Ello queda claro a todo aquel que haya observado cómo el valor del suelo se eleva doquiera se urbanice; en ciertos enclaves de la ciudad y del campo es donde mejor se aprecia. Superficies no construidas aumentan su valor merced a la guirnalda de cultivos surgida en sus proximidades. Genial por su sencillez fue la especulación del suelo de los urbanistas parisinos, que edificaron las nuevas viviendas no en directa conexión con las últimas casas de la ciudad, sino que adquirieron los terrenos limítrofes y empezaron a construir en plena periferia. Ese modo inverso de proceder en la construcción determinó un aumento asombroso e inmediato del valor de los solares; no sólo: terminada la periferia, en lugar de edificar junto a las últimas casas de la ciudad, se volvía a construir en el centro de la misma, es decir, en parcelas altamente revalorizadas.

¿Construirá por sí misma la Company o bien encomendará tal tarea a arquitectos profesionales? Podrá, o mejor, hará, ambas cosas. Dispone, como pronto se verá, de una poderosa reserva de fuerza de trabajo que en absoluto deberá ser explotada en modo capitalista, sino que gozará de unas condiciones dichosas y apacibles de vida, y no por ello caras. Del material de construcción se habrán ocupado nuestros geólogos, mientras reconocían el terreno donde asentar las ciudades.

Ahora bien, ¿cuál será el principio en la construcción?

LAS VIVIENDAS DE LOS TRABAJADORES

Las viviendas de los trabajadores (entre las que han de incluirse las de todos los artesanos) deben construirse bajo dirección propia. En absoluto estoy pensando en esas tristes casas populares de las ciudades europeas, como tampoco en esas míseras barracas dispuestas en serie alrededor de las fábricas. Las viviendas de nuestros trabajadores también estarán dispuestas de manera uniforme, puesto que la Company sólo puede abaratar las obras si produce sus componentes en grandes cantidades; pero esas viviendas unipersonales, con su pequeño jardín, deben aunarse en todas partes en hermosas urbanizaciones. Las cualidades naturales de la región estimularán el genio vivo de nuestros jóvenes arquitectos, todavía no aprisionados por la rutina, y aun si el pueblo no llega a comprender la globalidad del plan, sí sentirá al menos el bienestar de tan sencillos agrupamientos. El templo será emplazado de modo que sea visible de lejos, pues tan sólo la antigua fe nos ha mantenido juntos. Y las escuelas para niños, agradables, luminosas, sanas y dotadas con todos los modernos instrumentos didácticos. Algo más lejos, las escuelas de especialización para artesanos, las cuales, preparando para tareas cada vez más complejas, deben capacitar al simple artesano para la adquisición de conocimientos tecnológicos y familiarizarle con las máquinas. Y más allá lugares de esparcimiento para el pueblo, que la Society of Jews dirigirá de arriba abajo en aras de la moralidad.

Ahora, por lo demás, únicamente debe hablarse de los edificios, no de lo que sucederá en su interior. La Company, digo, construirá las viviendas de los trabajadores a bajo precio. No sólo porque los materiales constructivos serán abundantes; no sólo porque el terreno pertenece a la Company, sino también porque no necesita pagar a los trabajadores por ello.

En América los *farmers*[2] tienen por sistema ayudarse mutuamente al construir sus casas. Ese sistema candorosamente amable —tosco, como los bloques que así surgen— puede llegar a ser muy perfeccionado.

---

2   En inglés en el texto original [agricultores, granjeros. N. del E.].

LOS OBREROS «NO CUALIFICADOS» (UNSKILLED LABOURERS[3])

Nuestros obreros no cualificados, que inicialmente provendrán de esa gran reserva constituida por Rusia y Rumania, han de ayudarse unos a otros en la construcción de sus casas. Como al comienzo no tendremos hierro, habremos de construir en madera. Después será otra cosa, y las míseras viviendas de los primeros tiempos serán sustituidas por otras mejores.

Nuestros *unskilled labourers* desde un principio sabrán que han de ayudarse mutuamente en la construcción de sus alojamientos. Y que mediante su trabajo adquirirán sus viviendas en propiedad, no de inmediato, desde luego, sino sólo si su comportamiento ha sido bueno durante un periodo de tres años. Es así como tendremos gente laboriosa y hábil, y un hombre que durante tres años haya trabajado respetando cierta disciplina está educado de por vida.

Dije anteriormente que la Company no necesitará pagar a estos *unskilleds:* ¿de qué vivirán, pues?

En líneas generales soy contrario al sistema de pago en especie. Empero, es el que debería usarse con estos primeros colonos. La Company se cuida en tantos aspectos de ellos, que podrá también proveer a su sustento. El sistema de pago en especie estará en uso únicamente en estos primeros años, y también para los trabajadores supondrá una buena obra, pues impedirá su explotación por parte de pequeños comerciantes, caseros, etc. La Company, pues, frustra por adelantado que nuestra gente más humilde se convierta en los habituales buhoneros también en la otra parte, que es a lo que un preciso proceso histórico ha forzado a ser en esta. Y, en tal modo, la Company tendrá en sus manos a borrachos y licenciosos. ¿No habrá entonces ningún salario para los obreros en los primeros tiempos de la colonización?

Sí: pagas extraordinarias.

LA JORNADA LABORAL DE SIETE HORAS

¡La jornada laboral ordinaria será de siete horas!

Eso no significa que sólo deberán dedicarse siete horas diarias a derribar árboles, excavar la tierra, acarrear piedras, y, en suma, demás

---

3   En inglés en el texto original.

trabajos necesarios. No: se trabajarán catorce horas. Pero las brigadas de trabajadores se turnarán cada tres horas y media. La organización será completamente militar, con sus grados, sus ascensos y su jubilación. Más tarde se explicará de dónde han de recabarse las pensiones.

Durante tres horas y media, un hombre sano puede desarrollar su trabajo con máxima concentración. Tras tres horas y media de pausa —que consagra al reposo, a la familia, a la mejora guiada de su formación— está enteramente fresco otra vez. Semejante fuerza de trabajo puede producir milagros.

¡La jornada de siete horas! Hará posible catorce horas efectivas de trabajo, no caben más en un día.

Estoy plenamente convencido de que una jornada similar es plenamente realizable. Experimentos al respecto se han hecho en Bélgica e Inglaterra. Algunos políticos progresistas incluso afirman que sería suficiente con una jornada laboral de cinco horas. La Society of Jews y la Jewish Company coleccionarán al respecto nuevas e ilustrativas experiencias —que también acabarán favoreciendo a los demás pueblos de la tierra—, y si se muestra la posibilidad práctica de la jornada laboral de siete horas, nuestro futuro Estado la introducirá por ley como jornada laboral ordinaria.

Sólo la Company garantizará de continuo a sus trabajadores dicha jornada laboral. Y siempre podrá hacerlo.

Pero la jornada laboral de siete horas nosotros la necesitamos como una llamada mundial para nuestra gente, que deberá unírsenos libremente. Ha de ser realmente la tierra prometida...

Ahora bien, quien trabaje más de esas siete horas recibirá por ese tiempo extra una paga extra en metálico. Con todas sus necesidades satisfechas, y los incapacitados para el trabajo de su familia atendidos por las instituciones centralizadas de beneficencia, hasta aquí trasladadas, algo podrá ahorrar. Quisiéramos fomentar entre nuestra gente esa tendencia al ahorro que, por lo demás, ya existe, tanto porque facilita el ascenso del individuo a una capa superior, como porque, en tal modo, preparamos una ingente reserva de capital para futuros créditos.

El tiempo extra respecto de la jornada ordinaria de siete no sobrepasará las tres horas, y siempre tras visita médica. En su nueva vida, en efecto, nuestra gente competirá por trabajar, y el mundo comprobará finalmente qué pueblo laborioso somos.

Cómo se establecerá el sistema de pago en especie a los colonos (mediante bonos, etc.) es algo en lo que, al igual que para otro sinfín de detalles, no entro por el momento, a fin de no enredar más. A las mujeres no se las admitirá en los trabajos pesados, ni podrán hacer horas extra; las mujeres embarazadas estarán exoneradas de todo trabajo, y su abundante sustento será en especie: y es que para el futuro necesitamos vástagos fuertes.

Los niños serán educados ya desde el comienzo tal y como queremos que sean. De momento no me ocupo de eso.

Cuanto acabo de decir, a partir de las viviendas para los trabajadores, sobre los *unskilleds* y su modo de vida, es tan poco utópico como el resto. Todo está ya presente en la realidad, bien que en modo infinitamente pequeño, inobservado, incomprendido. Para la solución de la cuestión judía me ha sido sumamente valiosa la *Assistance par le travail*[4] que aprendí a conocer y entender en París.

LA ASISTENCIA POR MEDIO DEL TRABAJO

La asistencia por medio del trabajo, tal y como actualmente existe en París y otras ciudades francesas, en Inglaterra, Suiza y América, es algo insignificante por su pequeñez, razón por la cual es menester convertirla en algo grande.

¿Cuál es el principio de la *Assistance par le travail?*

El principio consiste en dar a todo *unskilled labourer* menesteroso un trabajo sencillo, no cualificado; por ejemplo, hacer teas para la producción de *margotins*[5], con los cuales se prende el fuego de las chimeneas de las casas de París. Es un trabajo a domicilio al estilo del de los presos, pero *previo* al delito y sin ningún deshonor. Nadie que desee trabajar tendrá ya que cometer delito a causa de la necesidad. El hambre ya no hará de nadie un asesino. Manchas esas las más abominables sin duda de una civilización en la que desde la mesa de los ricos se echa a los perros bocados exquisitos.

Tal asistencia da pues a cada quien trabajo. ¿Pero habrá salida para sus productos? No. O, al menos, no suficiente. Aquí se halla el defecto de las organizaciones actuales. Esa *Assistance* trabaja siempre con pérdidas. Cuenta con las pérdidas, desde luego: es una institución de beneficencia; y en ellas, la dádiva se concibe como la diferencia entre los costes de producción y el precio obtenido. En lugar de darle al mendigo diez céntimos, le da un trabajo: con lo cual la *Assistance* pierde diez céntimos. Pero el mísero mendigo, convertido en noble trabajador, gana 1 franco y 50 céntimos: ¡150 céntimos en vez de 10! Eso significa

---

4   En francés en el original (*Asistencia por trabajo*. N. del E.)
5   En francés en el original (*Pequeños haces o atados de leña*. N. del E.)

multiplicar por quince una acción benéfica ya sin tacha. ¡Y eso significa multiplicar mil millones por quince! La *Assistance,* desde luego, pierde los diez céntimos. La Jewish Company no perderá los miles de millones, sino que obtendrá beneficios ingentes.

A ello se añade la dimensión moral. La asistencia por medio del trabajo, incluso en el reducido nivel en el que actualmente se da, supone haber alcanzado la dignidad moral a través del trabajo, habida cuenta de que un desempleado halla para sus capacidades un puesto apto, ya sea en su oficio anterior o en uno nuevo. Diariamente dispone de unas horas libres para buscar trabajo, pero la *Assistance* le sigue procurando ocupaciones.

El defecto de esta circunstancial institución es que debe evitar toda competencia con los madereros y demás comerciantes. Los madereros son electores, y si protestaran tendrían razón. Tampoco al trabajo realizado en las cárceles del Estado debe hacérsele competencia alguna: el Estado ha de dar trabajo y sustento a los criminales.

En una sociedad antigua será difícil hacer un sitio a la *Assistance par le travail.* ¡Mas en la nuestra nueva...!

Sobre todo, necesitamos de un amplísimo número de *unskilled labourers* para nuestros primeros trabajos de asentamiento, trazado de las calles, de las líneas férreas, obras de deforestación, de excavación de tierras, tendido del telégrafo, etc. Todo se llevará a cabo de acuerdo con un vasto plan establecido desde el principio.

EL TRÁFICO COMERCIAL

Cuando trasladamos el trabajo al nuevo país, también llevamos con nosotros el tráfico comercial. Inicialmente, por cierto, se tratará de un mercado para las necesidades vitales: ganado, cereales, vestido, aperos de trabajo, armas, por mencionar algunos productos. Al principio los compraremos en los Estados vecinos o en Europa, pero en breve seremos independientes. El empresario judío no tardará en entender las perspectivas que allí se le abren.

Poco a poco, con el ejército de empleados de la Company, se irán trasladando necesidades más refinadas. (Entre los empleados también cuento a los oficiales de las tropas de defensa, que deben estar siempre compuestas por aproximadamente un décimo de los inmigrantes masculinos: suficientes para reprimir los motines de los malvados; la mayoría será, sí, pacífica).

Las necesidades más refinadas de los empleados de niveles superiores producirán a su vez un más refinado mercado, en progresivo crecimiento. En cuanto tengan nueva casa, los casados hacen venir a sus familias, y los solteros a sus padres y hermanos. Es eso lo que estamos viendo en los judíos que actualmente emigran a los Estados Unidos. Apenas tienen qué comer hacen venir a sus parientes. Para los judíos los lazos familiares son más que sólidos. La Society of Jews y la Jewish Company actuarán de consuno para reforzar y mantener aún más a las familias. No estoy hablando aquí del aspecto moral, lo que va de suyo, sino del material. Los empleados recibirán complementos por cónyuge e hijos. Tenemos necesidad de gente: de todos los que están y de todos cuantos vengan.

OTROS TIPOS DE HOGARES

He interrumpido el hilo conductor de la presente exposición en la construcción de viviendas para trabajadores por ellos mismos. Lo retomo ahora a propósito de otros tipos de hogares. La Company también hará que sus arquitectos construyan casas para la pequeña burguesía, sea por canje o por dinero. La Company hará que sus arquitectos lleven a cabo unos cien tipos de casa, que serán luego repetidos. Esos hermosos modelos en parte servirán a la vez de propaganda. Cada casa tendrá su precio fijo, siendo su calidad garantizada por la Company, que de la construcción de viviendas no desea obtener beneficio alguno. Y bien, ¿dónde se alzarán tales casas? Los grupos locales lo indicarán.

Puesto que la Company no desea obtener ningún beneficio de los trabajos de construcción, sino únicamente de los bienes raíces, será deseable que numerosos arquitectos profesionales atiendan encargos privados. Así se revalorizará la posesión del suelo, lo cual atraerá el lujo al país, un lujo del que necesitamos para diversos fines. Para el arte y la industria en particular, como para la disgregación de los grandes patrimonios ulteriormente.

Sí, los judíos ricos, que actualmente han de ocultar, temerosos, sus riquezas, y celebrar molestos sus fiestas con las cortinas echadas, podrán gozarlas libremente en esta otra parte. Si dicha emigración llega a realizarse con su ayuda, el capital se rehabilitará entre nosotros: habrá mostrado, en efecto, su utilidad en una obra sin parangón. Cuando los judíos más ricos empiecen a construir aquí sus residencias, a las que en Europa ya se mira de reojo, muy pronto se volverá de moda venir a establecerse en suntuosas moradas.

ALGUNAS FORMAS DE LIQUIDACIÓN

La Jewish Company ha sido concebida como encargada o administradora de los inmuebles de los judíos.

Respecto de viviendas y terreno, tales tareas serán fáciles de realizar. Pero, ¿y respecto de los negocios?

Aquí las fórmulas serán múltiples. Y no resumibles de antemano en una sinopsis. Empero, no comportan ninguna dificultad, pues en cada caso singular el propietario del negocio, si ha decidido libremente emigrar, será quien acuerde con la filial de la Company de su distrito el modo de liquidación que más le favorezca.

En lo concerniente a los pequeños comerciantes, en cuyas empresas la actividad personal del propietario es lo principal y el monto de mercancías o de equipo lo accesorio, la transferencia patrimonial puede llevarse a cabo muy fácilmente. Para la actividad personal del emigrado, la Company dispone un ambiente de trabajo seguro, y su monto de bienes puede una vez aquí intercambiarse por un terreno y créditos para maquinaria. La sagacidad de nuestra gente le hará aprender rápidamente las nuevas actividades; sabido es cuán rápidamente se adaptan los judíos a cualquier tipo de industria. De tal modo, muchos comerciantes podrán ser reconvertidos en pequeños industriales agrícolas. La Company podrá incluso consentir pérdidas aparentes cuando se haga cargo de los bienes inmuebles de los más pobres, pues de esta forma obtiene el cultivo voluntario de parcelas de terreno que, así, aumentan el valor de las parcelas restantes.

Para las empresas medianas, en las que el equipo es ya tan importante o más que la actividad personal del dueño, y cuyo crédito se añade como un imponderable decisivo, cabe pensar en diversas formas de liquidación. Ese es también uno de los puntos capitales sobre los que puede llegar a realizarse la migración interna de los cristianos. El judío que parte no pierde su crédito personal, sino que lo lleva consigo, y le dará buen uso al establecerse en la otra parte. La Jewish Company le abrirá una cuenta corriente. Su anterior negocio lo puede también vender libremente, o bien cederlo a administradores bajo supervisión de los organismos de la Company. El administrador, o lo tendrá en arrendamiento, o bien podrá proceder a una compra gradual pagando a plazos. Por medio de sus inspectores y abogados, la Company velará tanto por la ordenada administración de los negocios cedidos, como por la puntual recaudación de los pagos. La Company es aquí el procurador de los ausentes. Mas en el caso de que un judío no pueda vender su negocio, pero no confíe en ningún mandatario, ni quiera tampoco renunciar a aquel, entonces habrá de permanecer en su domicilio actual. Por lo demás, la situación de los que se quedan no tiene por qué empeorar; no sufrirá la competencia de los que se han ido, y ya habrá cesado el antisemitismo con su «¡no compréis a los judíos!».

Pero si el emigrante propietario del negocio quiere dedicarse a la misma actividad en esta otra parte, podrá organizarse al respecto desde el principio. Pongamos un ejemplo: la fábrica X tiene un gran negocio de artículos de moda. El propietario desea emigrar. Lo primero que hará será abrir una filial en su futuro lugar de residencia, a la que trasladará sus artículos sobrantes. Los primeros emigrantes pobres constituirán allí su clientela. Poco a poco irá llegando nueva gente, que tendrá necesidad de una moda más refinada. Entonces X enviará mejores prendas, y finalmente las de mejor calidad. La filial será ya rentable en tanto la sede aún sigue existiendo. Al final X se encuentra con dos negocios. Vende el antiguo o cede la gestión a su representante cristiano: y él se traslada al nuevo.

Otro ejemplo más significativo: Y & Hijo poseen un boyante negocio de carbón, con minas y fábricas. ¿Cómo será liquidado un complejo patrimonial tan enorme? En primer lugar, la mina, con todo lo que conlleva, puede ser rescatada por el Estado donde está. En segundo lugar, podrá adquirirla la Jewish Company, pagando una parte del precio en terrenos de aquí, y en efectivo la otra parte. Una tercera posibilidad sería la fundación de una sociedad propia por acciones Y & Hijo. Una cuarta, la continuación de la actividad en su Estado actual, sólo que los propietarios habrían emigrado y, aunque tornasen de vez en cuando al objeto de inspeccionar sus bienes, serían extranjeros, bien que, en cuanto tales gozarían de plena seguridad jurídica en los países civilizados. Todo ello, por cierto, es parte de la vida diaria. Una quinta posibilidad, rentable y de sumo interés, la indico sólo de pasada, pues sólo existe constancia de unos cuantos e insignificantes ejemplos, pese a que nuestra conciencia moderna la sienta tan próxima. Y & Hijo podrán traspasar su hacienda por una remuneración al conjunto de sus actuales empleados. Los empleados formarán una cooperativa de responsabilidad limitada, y con ayuda de la banca nacional, que no otorga préstamos con usura, quizá puedan pagar la amortización a Y & Hijo. Los empleados amortizarán más tarde el préstamo concedido por la banca nacional, la Jewish Company o la misma Y & Hijo.

La Jewish Company liquidará a los pequeños propietarios, como a los grandes. Y mientras los judíos emigran tranquilamente para fundar su nueva patria, la Company quedará como la cualificada persona jurídica que conduce la marcha, custodia sus bienes abandonados, se responsabiliza del correcto desarrollo de los asuntos con su patrimonio transparente y tangible y da garantías duraderas a quienes ya emigraron.

GARANTÍAS DE LA COMPANY

¿En qué forma se hará garante la Company al objeto de evitar que la pobreza y las crisis económicas hagan acto de presencia en los países abandonados?

Ya ha quedado dicho que los antisemitas decentes, en respeto de su para nosotros valiosa independencia, deben por así decir implicarse en la empresa como funcionarios en los departamentos de control popular.

Mas también el Estado tiene intereses fiscales que pueden ser lesionados, pues pierde una clase de contribuyentes sin duda poco apreciada desde un punto de vista civil, pero sí mucho desde un punto de vista financiero. Por ello se le habrá de ofrecer un resarcimiento. Se lo ofrecemos indirectamente, en tanto dejamos en cada país negocios puestos en marcha por la inteligencia y laboriosidad judías, en tanto ponemos a disposición de nuestros conciudadanos cristianos los puestos que dejamos, posibilitando en tan pacífico modo un avance sin precedentes de las masas al bienestar. La Revolución Francesa ha mostrado en pequeño algo semejante, pero para ello la sangre hubo de manar a borbotones bajo la guillotina por todas las provincias del país y por los campos de batalla de toda Europa. Y para ello hubieron de violarse derechos heredados y adquiridos. Y así, sólo astutos comerciantes se enriquecieron con los bienes de la nación.

La Jewish Company, en su ámbito de acción, procurará también ventajas directas a los Estados singulares. Sobre todo, los gobiernos pueden asegurarse la compra de los bienes dejados por los judíos en condiciones favorables. Los gobiernos, además, podrán emplear en gran medida esa expropiación benévola en precisas mejoras sociales.

La Jewish Company prestará su ayuda a cuantos gobiernos y parlamentos quieran guiar la migración interna de los ciudadanos cristianos. También pagará grandes tributos.

Su sede central estará en Londres, porque la Company ha de estar, en lo relativo al derecho privado, bajo la tutela de una gran potencia, actualmente no antisemita. Pero la Company, si se la apoya oficial y oficiosamente, brindará amplias oportunidades fiscales por doquier. Por doquier fundará filiales y sucursales sujetas a tributación; proporcionará además la ventaja de una doble localización de los bienes inmuebles, o sea, de una doble imposición; incluso allí donde la Company se presente únicamente como agencia inmobiliaria adoptará transitoriamente la figura del comprador. Aun en el caso de que no quiera poseer nada, aparecerá por un tiempo en el catastro como propietaria.

Ahora bien, todo eso no es sino mero asunto contable. En cada lugar tendrá luego que plantearse y decidirse hasta qué punto podrá implicarse la Company sin poner en peligro su existencia. Sobre ello se tratará con franqueza con los ministros de Economía, que comprobarán claramente su buena voluntad y garantizarán por doquier las facilidades en verdad necesarias para culminar con éxito tan magna empresa.

Una ulterior subvención directa afectará al transporte de bienes y personas. Donde los ferrocarriles sean estatales, la cosa está clara de más. De los ferrocarriles privados, la Company recibirá, como todo gran transportista, claras ventajas. Naturalmente, ha de conseguir que nuestra gente viaje por tierra y por mar lo más barato posible, puesto que el viaje de cada uno corre de su cuenta. Para la clase media regirá el sistema Cook[6] y para las clases pobres la tarifa personal. La Company podría obtener grandes ganancias de los descuentos por las personas y los fletes, pero su principio guía ha de ser aquí únicamente el de recuperar los gastos para su subsistencia.

En muchos lugares el transporte está en manos judías. Las casas de transporte serán las primeras que la Company necesitará, y las primeras que liquidará. Los propietarios actuales de estos negocios, o entrarán al servicio de la Company o bien se establecerán por su cuenta en esta parte. El lugar de llegada tendrá necesidad de transportistas para lo recibido, y puesto que ese será un pingüe negocio del que se podrán y deberán obtener beneficios inmediatos en esta parte, no faltarán emprendedores avisados. Resulta innecesario exponer aquí los detalles comerciales de semejantes expediciones en masa. Habría que desarrollarlos en racional conexión con los objetivos fijados, y muchas cabezas excelentes deberán reflexionar acerca de qué sea lo mejor que se deba hacer.

---

6   Herzl alude con máxima probabilidad a Thomas Cook (1808-1892), el viajero inglés que terminó fundando las agencias de viaje.

ALGUNAS ACTIVIDADES DE LA COMPANY

Muchas actividades se entretejerán. Un ejemplo tan sólo: poco a poco la Company empezará a producir manufacturas en las destartaladas factorías del principio. En primer lugar, para nuestros inmigrados pobres: vestidos, lencería, calzado, etc., fabricados en serie. Luego, en las estaciones europeas desde las que parten nuestros pobres serán vestidos de nuevo. Ningún regalo se les está haciendo, porque no deben ser humillados. Sólo se les está cambiando las viejas prendas por otras nuevas. Si de esa operación la Company sale con pérdidas se las registrará como pérdidas comerciales. Los indigentes se convertirán en deudores de la Company por el vestuario, y pagarán en la otra parte en horas de trabajo extraordinario, las cuales les serán conmutadas por buen comportamiento.

Por lo demás, este es el momento para la intervención humanitaria de las asociaciones proemigración existentes. Todo lo que hoy se cuidan de hacer en favor de los judíos que emigran, deberán hacerlo en el futuro por los colonos de la Jewish Company. Encontrar las formas de dicha cooperación será fácil. Ya el nuevo vestuario de los inmigrantes pobres deberá tener algo de simbólico: ¡estáis empezando una nueva vida! La Society of Jews velará porque, mucho antes de la partida, y también durante el viaje, exista un ambiente sereno y serio a la vez. Oraciones, conferencias a todos accesibles, ilustraciones sobre el objetivo de la empresa, reglas de higiene para los nuevos asentamientos, instrucciones sobre el trabajo futuro serán los medios al respecto. Pues la tierra prometida es, en efecto, tierra de trabajo. Empero, a su llegada los inmigrantes serán acogidos solemnemente por nuestras principales autoridades. Sin necias exaltaciones, pues la tierra prometida ha de ser conquistada primero. Con todo, esos hombres pobres ya deberán ver que se encuentran en casa.

La industria de ropa de la Company para los inmigrantes pobres no producirá de manera desordenada. Por medio de la Society of Jews, que recibirá notificaciones de los grupos locales, la Jewish Company conocerá a tiempo el número, el día de llegada y las necesidades de los inmigrantes. En tal modo será posible preocuparse por ellos con prudencia.

INCENTIVOS INDUSTRIALES

Las tareas de la Jewish Company y de la Society of Jews no pueden desarrollarse en el presente proyecto por separado del todo. De hecho, ambos importantes organismos han de cooperar continuamente. La Company estará y permanecerá dependiente de la autoridad moral y del apoyo de la Society, al igual que la Society no podrá prescindir de la ayuda material de la Company. En la dirección planificada de la industria de prendas de vestir, por ejemplo, está latente la primitiva debilidad de los intentos por evitar las crisis de producción. En todos los sectores en los que la Company actúe como industrial, ese deberá ser el modo de proceder.

No obstante, aquella de ningún modo debe sofocar las libres empresas por su poder excesivo. Seremos colectivistas sólo allí donde lo exijan las dificultades enormes de la tarea. En los demás casos, protegeremos y nos preocuparemos por el individuo y sus derechos. La propiedad privada, en cuanto base económica de la independencia, deberá desarrollarse libremente y respetada entre nosotros. Nuestros primeros *unskilleds* accederán de inmediato, pues, a la propiedad privada.

El espíritu de iniciativa debe ser fomentado en cualquier caso. El establecimiento de industrias será favorecido mediante una política aduanera racional, la asignación de materias primas baratas y una oficina de estadística industrial cuyos comunicados serán públicos.

El espíritu de iniciativa podrá ser estimulado en modo sano. Toda ausencia de planificación especulativa será evitada. La creación de nuevas industrias será dada a conocer a su tiempo, de modo que el empresario al que seis meses después se le ocurra dedicarse a cierta actividad industrial no tendrá por qué insertarse en una situación de crisis o de miseria. Puesto que la finalidad de todo nuevo establecimiento debe ser notificada a la Society, cualquiera puede conocer en todo momento las relaciones empresariales.

A los empresarios, además, se les garantizará mano de obra centralizada. El empresario se dirigirá a la agencia de colocación, que le cobrará por dicho servicio sólo el coste necesario para su preservación. El empresario telegrafía: mañana necesito para tres días, tres semanas o tres meses quinientos *unskilleds*. Al día siguiente, los quinientos solicitados estarán en su empresa agrícola o industrial; las agencias de trabajo los habrán reclutado de aquí y de allá, de donde haya disponibles. El mercado eventual y anárquico, pura tosquedad, se refinará en una institución práctica semejante a un ejército. Naturalmente, no serán esclavos lo que se envíe, sino trabajadores cuya jornada laboral será de siete horas, que mantendrán su organización propia, razón por la cual aun el cambio de lugar dejará intacto su horario de servicio tanto como el grado, el ascenso y la jubilación. El libre empresario puede, si quiere, procurarse su mano de obra en otra parte, pero le resultará difícil: la Company sabrá frustrar la introducción de esclavos no judíos en el país, recurriendo a un cierto boicot de los industriales renitentes, a la obstaculización del comercio, y a otras medidas análogas. Se contratará, pues, mano de obra que trabajará siete horas al día. Nos aproximaremos así, casi sin coacción, a la jornada laboral de siete horas.

ASENTAMIENTO DE TRABAJADORES ESPECIALIZADOS

Resulta claro que lo que es válido para los *unskilleds* es todavía más fácil para los trabajadores altamente especializados. A los trabajadores a tiempo parcial de las fábricas pueden aplicárseles las mismas reglas. La agencia de colocación se ocupará de ello.

Ahora bien, en lo que respecta a artesanos autónomos y pequeños maestros —por los cuales velaremos con sumo celo en consideración a los progresos futuros de la técnica, les proporcionaremos conocimientos tecnológicos aun cuando ya no sean tan jóvenes, y pondremos a su disposición la energía sacada de los torrentes y la luz del tendido eléctrico—, también ellos deberán ser buscados y encontrados por medio de la agencia de la Company. En este caso, los grupos locales se dirigirán a la agencia: necesitamos tal número de carpinteros, cerrajeros, vidrieros, etc. La agencia lo hará público. La gente se presenta. Se transfieren con sus familias adonde se les necesita y se quedan a vivir allí, sin que ninguna desordenada competencia les sofoque. Una patria estable y bondadosa acaba de surgir para ellos.

LA BÚSQUEDA DE FONDOS

El capital accionario conjeturado para la Jewish Company alcanza una cifra que suena fantástica. El monto realmente necesario del mismo lo habrán de establecer especialistas en finanzas. Una suma enorme, en cualquier caso. ¿Cómo se recabará? Son tres los modos que la Society tomará en consideración. La Society, esa gran persona moral, el gestor[7] de los judíos, la compondrán nuestros mejores y más honestos hombres, que ni podrán ni habrán de recabar beneficio patrimonial alguno del asunto. Si bien al principio la Society no poseerá más autoridad que la moral, esta sin embargo alcanzará a acreditar a la Jewish Company ante el pueblo judío. La Jewish Company podrá concluir buenos negocios si cuenta, por decir así, con el beneplácito de la Society. Es decir, que un grupo cualquiera de gente adinerada no podrá reunirse para formar la Jewish Company. La Society examinará, seleccionará y determinará, y requerirá todas las garantías necesarias para la realización meticulosa del proyecto antes de dar su conformidad a la fundación. No se harán experimentos con fuerzas insuficientes, pues el plan debe tener éxito desde el principio. Un fracaso supondría comprometer el entero proyecto por decenios, y quizá hasta imposibilitarlo para siempre.

Los tres modos de recabar el capital accionario son: 1. Mediante el banco central; 2. Mediante la banca mediana; 3. Por suscripción popular.

Lo más fácil, rápido y seguro sería su fundación mediante el banco central. En este caso el dinero necesario podrían procurarlo, y en breve tiempo, los grandes grupos financieros mismos mediante una sencilla consulta. Contaría con la gran ventaja de que los mil millones —por quedarnos en la suma conjeturada— no habrían de ser reembolsados al completo y de inmediato. Tendría la ventaja añadida de que también el crédito de estos poderosos grupos financieros afluiría a la empresa. En el poder financiero judío dormitan muchas energías políticas aún no utilizadas; los enemigos del judaísmo lo consideran tan eficaz como podría ser, pero como de hecho no es. Los judíos pobres sólo sienten el odio suscitado por ese poder financiero: los beneficios, el alivio que podría suponer a sus penas, en cambio, no. La política crediticia de los grandes financieros judíos tendría que ser puesta al servicio de la idea de pueblo. Pero si estos señores, plenamente satisfechos de su situación, no se sienten movidos a hacer algo en favor de sus hermanos de raza —quienes son injustamente responsabilizados de los grandes patrimonios de ciertos individuos—, la materialización del presente proyecto será en tal caso la ocasión para llevar a cabo un limpio corte entre ellos y las demás partes del judaísmo.

Por lo demás, el banco central en absoluto se verá estimulado a aportar tan enorme suma por beneficencia. Suponerlo sería necio. Los fun-

---

7   En latín en el texto original (*procurador*. N. del E.).

dadores y accionistas de la Jewish Company deben más bien hacer un buen negocio, y tendrían que percibir lo antes posible las oportunidades que tienen delante. La Society of Jews, en efecto, estará en posesión de cuantos documentos y expedientes permitan conocer las intenciones de la Jewish Company. En particular la Society of Jews habrá examinado con detalle el alcance del nuevo movimiento judío, y estará en grado de participar a los fundadores de la Company, en modo plenamente fiable, con qué tipo de colaboración puede contar. Mediante la creación de la moderna estadística judía, completa y detallada, la Society desarrollará para la Company los trabajos de una Société d'études[8], como se suele hacer en Francia antes de proceder a la financiación de un gran proyecto.

No obstante, es posible que el asunto no encuentre el precioso aporte de los magnates judíos. Es incluso posible que estos, sirviéndose de sus siervos y agentes secretos, se embarquen en una lucha contra nuestro movimiento. Llevaremos adelante una tal lucha, como cualquier otra a la que se nos constriñera, sin contemplaciones.

También es posible que los magnates queden satisfechos despachando el asunto con una risa burlona.

¿Se arregla con ello?

No.

Se pasa entonces al segundo modo de recabar dinero, el de recurrir a los judíos medio-ricos. La banca mediana judía tendría que ser constituida a toda prisa en nombre de la idea de pueblo como un segundo y formidable poder financiero frente al banco central. Ello tendría el inconveniente de que al principio sería sólo un asunto de dinero, pues ha de desembolsarse el total de los mil millones —de lo contrario ni empezaría—, y habida cuenta de que este dinero sería utilizado con lentitud, en los primeros años se llevarían a cabo toda clase de negocios financieros y crediticios. No puede excluirse que el objetivo inicial cayera poco a poco en el olvido, que los judíos medio-ricos hubieran hallado otro nuevo gran negocio, y que lo de la emigración judía se empantanase.

Se sabe que un tal modo de procurarse el dinero no es ninguna fantasía. A menudo se ha intentado recaudar a toda prisa dinero católico en contra del banco central. Que se lo pueda combatir también con el judío es algo por el momento impensado.

---

8   En francés en el texto original.

¡Mas qué crisis derivarían de todo ello! ¡Cuánto daño para los países en los que se jugara a golpes de dinero, cómo subiría de tono el antisemitismo por ello!

No es de mi gusto, pues, ese procedimiento, y si lo menciono es porque forma parte del lógico desenvolvimiento de la idea.

Que la banca mediana pueda hacer suyo el asunto, ni lo sé.

En cualquier caso, aquel tampoco se soluciona con el rechazo de los judíos medio-ricos. Se podría más bien decir que empieza.

En efecto, la Society of Jews, que no está integrada por hombres de negocios, puede intentar fundar la Company como sociedad popular.

El capital social de la Company puede recabarse sin mediación de un sindicato de bancos centrales o de bancos medianos, mediante la apertura inmediata de una suscripción. No sólo los pobres judíos de a pie, sino también los cristianos que quieren liberarse de los judíos, participarán en esta recaudación de dinero subdividida en pequeñísimas cuotas. Equivaldría a una nueva y singular forma de plebiscito, en el que quien estuviera dispuesto a optar por esa forma de solucionar la cuestión judía podría declarar su parecer por medio de una suscripción condicionada. En la condición descansa la plena seguridad. Sólo se procedería al pago total si la entera suma hubiera sido suscrita: si no, sería restituido el anticipo.

Ahora bien, si el entero importe necesario fuese cubierto por la contribución popular proveniente de todo el mundo, en tal caso cada pequeño aporte individual se garantizaría a través de los pequeños aportes innumerables de los demás.

Naturalmente, junto a esto, sería necesaria la ayuda expresa y decidida de los gobiernos participantes.

IV. GRUPOS LOCALES

EL TRASLADO

Por el momento ha quedado indicado cómo ha de llevarse a cabo la emigración evitando sacudimientos económicos. Pero una emigración semejante comporta fuertes, profundas sacudidas de ánimo. Existen tradiciones, recuerdos, que ligan afectivamente a los hombres a sus lugares de origen. Tenemos cunas, tenemos tumbas, y es sabido lo que representan las tumbas para el corazón judío. Las cunas las llevamos con nosotros: dormita en ellas, róseo y sonriente, nuestro futuro. Nuestras entrañables tumbas las hemos de dejar; separarse de ellas será, para un pueblo codicioso como es el nuestro, lo más difícil. Mas así ha de ser.

La necesidad económica, la opresión política, el odio social nos alejan de nuestros lugares de residencia y de nuestras tumbas. Ya actualmente los judíos van de un país a otro sin parar; un fuerte movimiento lleva incluso más allá del mar, hacia los Estados Unidos, si bien tampoco allí somos bien recibidos: ¿en dónde lo seremos mientras carezcamos de patria propia?

Ahora bien, nosotros queremos dar a los judíos una patria. No arrancándolos violentamente de su tierra, no, sino sacándolos cuidadosamente con toda su raigambre y trasladándolos a un suelo mejor. Del mismo modo que en lo económico y en lo político queremos forjar nuevas relaciones, también pensamos, en lo espiritual, velar sagradamente por todo lo antiguo. Al respecto, unas pocas indicaciones. Estriba aquí el mayor peligro de que el proyecto sea considerado pura ilusión.

Y sin embargo también esto es factible, aunque en la realidad pase por algo confuso e impracticable. Mediante la organización deviene razonable.

LA EMIGRACIÓN EN GRUPOS

Nuestra gente deberá juntarse en grupos para emigrar. En grupos de familias y de amigos. Nadie será forzado a integrarse en el grupo de su actual lugar de residencia. Cada uno puede, luego de haber liquidado sus asuntos, conducirse como quiera. El viaje correrá de su cuenta, y lo hará en la clase de tren o de buque que prefiera. Nuestros trenes y nuestros buques tendrán, quizá, una sola clase. En viajes tan largos, la diferencia de bienes grava a los más pobres. Es verdad que no llevamos de esparcimiento a nuestra gente, pero tampoco queremos que su humor se deteriore en el camino.

Nadie viajará en condiciones de miseria. Y al contrario: todo deleite airoso deberá ser posible. Se tomarán los acuerdos con suficiente antelación —en el mejor de los casos tardará todavía años en ponerse en boga el movimiento migratorio individual—, los acomodados formarán comitivas. Se acompañarán del conjunto de sus amistades personales. Sabemos que, aparte los más ricos, los judíos casi no mantienen trato con los cristianos. En ciertos países ocurre que el judío que no mantiene a un par de gorrones, de deudores o de siervos de judíos, no conoce prácticamente a ningún cristiano. En el interior, el gueto sigue.

Las capas medias prepararán la salida larga y cuidadosamente. Cada localidad formará su grupo. En las grandes ciudades se formarán por distritos, relacionándose entre sí por representantes elegidos para ello.

Dicha repartición por distritos nada tendrá de obligatorio. En realidad ha sido concebida sólo para dar facilidades a quienes tienen menos recursos, al objeto de evitar que afloren durante el viaje el desasosiego o la nostalgia. Cada uno será libre de ir por su cuenta o de unirse a cualquier otro grupo local. Las condiciones serán para todos las mismas, a tenor de las clases. Cuando una comitiva alcance un número suficiente, la Company pondrá a su sola disposición primero un tren, y después un buque.

De un alojamiento adecuado a los más pobres habrá provisto la correspondiente oficina de la Company. Ulteriormente, cuando emigren los acomodados, tales necesidades, fácilmente previsibles, atraerán libres empresarios que provean con habitaciones al respecto. Esos emigrantes acomodados se habrán construido, pues, sus residencias ya desde antes, pudiendo trasladarse sin más desde la antigua casa abandonada a la recién construida.

No necesitamos asignar a toda nuestra inteligencia una tarea única. Todo aquel que comparte la idea de nación sabrá cómo actuar en su círculo, en pro de su difusión y actuación. Nosotros apelaremos preferentemente a la cooperación de nuestros pastores de almas.

NUESTROS PASTORES DE ALMAS

Cada grupo tendrá su rabino, que irá con su comunidad. Todos se agruparán sin coacción alguna. Los grupos locales se formarán alrededor del rabino: tantos rabinos, tantos grupos. Los rabinos serán también los primeros en comprendernos, los que antes se entusiasmen por el proyecto, y los que entusiasmen a los demás desde el púlpito. No será necesario convocar ninguna de esas verbosas reuniones particulares. Se intercalará en el culto. Y así debe ser. Nos reconocemos históricamente como comunidad merced a la fe de nuestros padres, puesto que desde hace tiempo hemos incorporado de manera indeleble las lenguas de naciones diversas.

Los rabinos, por tanto, recibirán regularmente las informaciones de la Society y de la Company, y las anunciarán y explicarán a sus respectivas comunidades. Israel rezará por nosotros, y por sí.

HOMBRES DE CONFIANZA DE
LOS GRUPOS LOCALES

Los grupos locales elegirán pequeñas comisiones de hombres de confianza bajo la presidencia de un rabino. Aquí se deliberarán y decidirán todas las cuestiones prácticas de acuerdo con las necesidades de los grupos locales.

Las instituciones de beneficencia serán trasplantadas libremente por los grupos locales. Fundaciones también las habrá en la otra parte, en el grupo local de origen; los edificios, en mi opinión, no deberían ser vendidos, sino ser consagrados a la ayuda de los cristianos más menesterosos de las ciudades abandonadas. En la futura subdivisión de la tierra se les tendrá en cuenta todo ello a los grupos locales, al punto que recibirán terrenos edificables gratuitamente y máximas facilidades para la construcción.

Con el traslado de las instituciones de beneficencia, como con otros puntos del presente proyecto, se está ofreciendo la ocasión de llevar a cabo un nuevo ensayo por el bien de la humanidad en su conjunto. Nuestra actual y anárquica beneficencia privada obtiene poco provecho en relación al gasto realizado. Las instituciones de beneficencia podrán y habrán de ser dispuestas en un sistema en el que se complementen entre sí. En una nueva sociedad, aquellas podrán configurarse como resultado de una conciencia moderna y tener por base la totalidad de la experiencia político-social. El asunto es de la mayor importancia, habida cuenta de la enorme cantidad de mendigos que hay entre nosotros. La presión externa por un lado, que los desanima, y la mullida beneficencia de los ricos por otra, que los malcría, ganan fácilmente para la mendicidad a los más débiles caracteres de entre nuestra gente.

Apoyándose en los grupos locales, la Society debe aplicarse, a ese respecto, con diligencia suma a la educación del pueblo. Para las muchas energías actualmente inútiles y casi marchitas se creará un suelo fértil. Con que sólo tenga buena voluntad, toda persona debe ser utilizada de manera adecuada. Quien nada, salvo holgazanear, quiera hacer, irá a un correccional.

Lo que en cambio no queremos es recluir a los ancianos en los hospicios. Estos son una de las más crueles obras de caridad inventadas por nuestra necia bonhomía. En ellos los ancianos se humillan y mortifican hasta morir. De hecho, es como si estuvieran ya sepultados. Por el contrario, nosotros queremos dejarles hasta el final, incluso a los de más pobre inteligencia, la consoladora ilusión de que siguen siendo útiles. A quien no esté en grado de realizar trabajos manuales se le deberá confiar tareas más livianas. Habremos de echar las cuentas con los atrofiados brazos de una generación ya casi marchita. Pero las generaciones venideras deberán ser educadas de otro modo: en libertad para la libertad.

Para todas las edades, para todas las gentes, buscaremos la felicidad moral del trabajo. Nuestro pueblo recuperará así sus aptitudes en la tierra de la jornada laboral de siete horas.

PLANIFICACIÓN URBANA

Los grupos locales delegarán a sus apoderados para la elección local. En el reparto de tierra se tendrá en cuenta que es posible trasladar con tacto, preservar los legítimos derechos.

A los grupos locales se les enviará, para su exposición, los planes de ordenación urbana. La gente sabrá de antemano a dónde va, en qué ciudades y casas residirá. Ya hablamos de los proyectos de construcción y de las copias que han de repartirse a los grupos locales, fáciles de comprender.

Del mismo modo que en la administración será la rígida centralización el principio ordenador, en los grupos locales será la autonomía más plena. Sólo así el traslado procederá sin dolor.

No imagino todo ello más fácil de lo que es, mas tampoco hay que imaginarlo más difícil.

EL VIAJE DE LAS CAPAS MEDIAS

La clase media se verá automáticamente arrastrada por el movimiento. Sus hijos, en la otra parte, serán funcionarios de la Society o empleados de la Company. Juristas, médicos, técnicos de todos los ramos, jóvenes comerciantes, todos los judíos que hoy día, a causa de la opresión sufrida en sus países de origen, buscan nuevos caminos en otras partes del mundo, se reunirán sobre esta tierra repleta de esperanzas. Otros tienen a sus hijas casadas con esta gente pujante. Después, uno de nuestros jóvenes hará venir a su prometida, otro a sus padres o hermanos. En las nuevas culturas se casa uno antes, lo cual no puede sino resultar favorable a la moralidad general, y nosotros nos encontraremos con descendientes más vigorosos, en lugar de esos niños débiles de padres casados en edad avanzada, que consumieron sus energías en la lucha por la vida.

Cada uno de los emigrantes de las capas medias traerá otro consigo.

Naturalmente, lo mejor del nuevo mundo será para los más valerosos.

Ahora bien, parece, ciertamente, que aquí resida la mayor dificultad del proyecto.

Aun cuando lográramos que la cuestión judía se planteara en modo serio a nivel mundial; aun cuando, de tal discusión, derivara que el Estado judío es una necesidad mundial palmaria; aun cuando alcanzásemos la soberanía sobre un territorio merced al apoyo de las grandes potencias, *¿cómo podríamos trasladar sin coacción a las masas judías desde sus lugares de residencia actuales a ese nuevo país?*

La emigración, ¿ha sido siempre concebida como algo del todo libre?

EL FENÓMENO DE LAS MASAS

La incitación a ponerse en movimiento poco tendrá de esforzada. Los antisemitas ya se cuidan de ello por nosotros. Lo único que requieren es seguir como hasta ahora para que el deseo de los judíos de emigrar se avive donde no existe o se refuerce donde sí. Que los judíos permanezcan todavía hoy en países antisemitas se debe principalmente, como hasta el más lego en historia sabe, a que nunca hemos obtenido beneficio duradero de los numerosos cambios de residencia operados a través de los siglos. Con que hubiese hoy un solo país en el que los judíos fuesen bienvenidos, y aun ofreciéndoseles muchas menos ventajas de las que les garantiza un potencial Estado judío, al instante una fuerte corriente de judíos se pondría en marcha en tal dirección. Los más pobres, que nada tienen que perder, se arrastrarían hacia allí. Afirmo, no obstante, y cada uno sabrá internamente si es cierto, que el deseo de emigración es más fuerte entre nosotros en las capas más altas debido a la opresión que pesa sobre nosotros. Con todo, los más pobres se bastarían para fundar un Estado: son por cierto el material humano más idóneo para una colonización, pues sin un mínimo de desesperación dentro de sí, ninguna gran empresa resulta posible. Mas con su aparición, con su trabajo, nuestros desesperados elevarán el valor del país, y poco a poco harán que también entre los mayores propietarios surja la tentación de encaminarse hacia aquel.

Un creciente interés por trasladarse irá surgiendo en las capas más altas. El primer viaje, el de los más pobres, será conjuntamente organizado por la Society y la Company, para lo que sin duda contarán con el apoyo de las asociaciones proemigración y de las organizaciones sionistas ya existentes.

¿Cómo se consigue dirigir a una multitud hacia un punto sin darle órdenes?

Hay algunos grandes benefactores judíos que, a título personal, pretenden mitigar los sufrimientos de los judíos valiéndose de tentativas sionistas. Tales benefactores hubieron ya de ocuparse en el asunto y creyeron darle solución poniendo en manos de los emigrantes dinero o medios para trabajar. El benefactor también decía: «doy dinero a la gente para que vayan allá». Se trata de un error de base y, ni con todo el oro del mundo, alcanzaría su objetivo.

En cambio, la Company dirá: «Nosotros no les pagaremos, serán ellos quienes paguen: pero sí pondremos algo a su alcance».

Un ejemplo chistoso hará más evidente cuanto digo. Uno de esos benefactores, al que llamaremos el Barón, y yo queríamos, en la soleada tarde de un domingo estival, dirigirnos a una multitud de personas sobre la explanada de Longchamp, cerca de París. El Barón, con la promesa de 10 francos por cabeza, se ganará por 200.000 francos a 20.000 sudorosas e infelices personas, que le imprecarán por haberles infligido semejante tormento.

Yo, en cambio, daré en premio estos 200.000 francos al caballo más veloz, y luego, mediante vallas, mantendré alejada a la gente de Longchamp. Quien quiera entrar tendrá que pagar: 1 franco, 5 francos, 20 francos.

El colofón es que yo reúno medio millón de personas, el presidente de la República hace su entrada en la Daumont[9], la multitud se regocija y divierte por su cuenta. La mayoría, pese a la quemazón del sol y al polvo, ha pasado una dichosa jornada de fiesta, y yo, por los 200.000 francos, he ingresado un millón con el dinero de las entradas y el de las tasas por las apuestas. Cuando quiera, volveré a reunir a esa misma gente; el Barón no, a ningún precio.

Quisiera ahora mostrar de inmediato, y más seriamente, el fenómeno de las masas respecto del modo de ganarse el pan. Inténtese gritar alguna vez por las calles de una ciudad: «¿Quién se pasaría todo el día de pie en una nave de hierro, abierta por sus cuatro costados, con un frío glacial en invierno, un calor tórrido en verano, dirigiéndose a los transeúntes para ofrecerles baratijas, o pescado, o fruta, ganando 2 florines, o cuatro francos, o lo que quieran?».

¿Cuánta gente estaría dispuesta? Si la impulsa el hambre, ¿cuántos días resistirá? Si resiste, ¿con qué celo intentará mover a los transeúntes a que compren fruta, pescado o baratijas?

Nosotros actuaremos de otra manera. En los puntos donde son frecuentes los intercambios, y esos puntos los encontraremos tanto más fácilmente cuanto que nosotros mismos dirigimos dichos intercambios, en tales puntos levantaremos grandes naves y las denominaremos así: mercados. Podríamos construir naves peores que aquellas, sin condiciones higiénicas, y la gente seguiría entrando en ellas a borbotones. Pero las haremos más bonitas y mejores, usando de toda nuestra buena voluntad. Y esa gente, a la que no hemos prometido nada, porque nada podemos prometerle sin engañarla, esa buena gente predispuesta al negocio gestará como de broma flujos mercantiles plenos de vitalidad. Infatigable, arengará a los compradores, y estará siempre en pie sin apenas notar cansancio. No sólo se apresurará día tras día para ser la primera en llegar: formará asociaciones, cárteles, lo que sea, con tal de poder conducir tan activa vida sin que se la moleste. Y si al terminar el día ocurre que, luego de una dura jornada de trabajo, sólo han ganado

---

9   En francés en el texto (se trata de una carroza con cuatro caballos y dos
      postillones).

un florín, 50 coronas o 3 francos, o lo que fuere, mirará sin embargo el día siguiente con la esperanza de que quizá sea mejor.

La esperanza les hemos regalado.

¿Desea saberse de dónde procederán las necesidades requeridas por los mercados? ¿Es menester decirlo aún?

Mostré antes que por medio de la *Assistance par le travail* se produce un beneficio quince veces mayor. Por un millón, quince millones; por mil millones, quince mil.

De acuerdo, ¿pero es eso igual de cierto a pequeña que a gran escala? La renta del capital, ¿sufre al aumentar este una disminución progresiva? Sí, en el caso del capital adormecido, cobardemente escondido, no en el del capital que trabaja. El capital que trabaja, incluso cuando aumenta, rinde en progresión creciente. Aquí reside la cuestión social.

¿Pero es correcto lo que digo? Apelo al respecto a los judíos más ricos como testigos. ¿Por qué se dedican a tantas y tan diversas industrias? ¿Por qué envían gente bajo tierra a extraer carbón por una paga mísera y con riesgos espantosos? No lo considero agradable, ni siquiera para el propietario de las minas. No creo que los capitalistas sean unos desalmados, ni hago como si lo creyese. Mi propósito no es instigar al odio, sino a la reconciliación.

¿Necesito explicar aún el fenómeno de las masas y cómo se las atrae a cualquier lugar a partir de las peregrinaciones?

No desearía herir la sensibilidad religiosa de nadie con palabras que pueden ser mal interpretadas.

Estoy solamente aludiendo a lo que en el mundo mahometano constituye la peregrinación a la Meca, a Lourdes en el católico, o a otros innumerables lugares desde los que los hombres regresan a su patria con el consuelo de su fe y la Santa Túnica de Tréveris.

Así, también nosotros fijaremos metas a las hondas necesidades de fe de nuestra gente. Nuestros religiosos serán, por cierto, quienes primero nos comprendan y nos sigan.

Queremos que en la otra parte cada uno pueda ser dichoso a su manera. También, y sobre todo, nuestros preciosos librepensadores, nuestro inmortal ejército, que de continuo conquista nuevos territorios en pro de la humanidad.

Sobre nadie debe ejercerse más coacción que la necesaria en aras de conservar el Estado y el orden. Y eso necesario no será establecido arbitrariamente por una o más personas que se turnan, sino que se fijará en férreas leyes. Ahora bien, si a partir de los ejemplos que he seleccionado se quiere justo inferir que la masas sólo transitoriamente pueden ser atraídas hacia tales metas por la fe, la ganancia o el placer, en tal caso la refutación de mi proyecto está cantada. Ya sólo una de aquellas metas está en condiciones de atraer a las masas; los tres polos de atracción, juntos, resultan idóneos para retenerlas y satisfacerlas de manera duradera. Y es que, tales polos de atracción, juntamente tomados, conforman una firme unidad, por largo tiempo buscada, que nuestro pueblo nunca ha cesado de añorar; para ella se ha preservado, para ella lo ha preservado la misma opresión: ¡la patria libre! Si el movimiento se pone en marcha, nos atraerá a unos, haremos afluir a otros, los terceros serán arrastrados y los cuartos nos seguirán de cerca.

Estos, los titubeantes rezagados de última hora, serán los que peor estén, tanto aquí como allá.

En cambio, los primeros en partir, con su fe, su entusiasmo y su coraje, ocuparán los puestos mejores.

NUESTRO MATERIAL HUMANO

Sobre ningún otro pueblo se han vertido tantos infundios como sobre los judíos. Al punto que, agobiados y acobardados por nuestras seculares cuitas, incluso nosotros mismos hemos terminado repitiéndolos y creyendo en ellos. Una de esas falsas afirmaciones sería la del desmedido placer de los judíos por el comercio. Empero, es conocido que allí donde podemos tomar parte del movimiento de las clases ascendentes, rápidamente nos alejamos del comercio. En su mayoría, además, los comerciantes judíos hacen estudiar a sus hijos en las universidades. La llamada judaización del conjunto de las profesiones liberales proviene justo de ahí. Mas tampoco en las capas económicamente más débiles el placer por el comercio es tan intenso como se dice. En los países de Europa oriental hay una gran masa de judíos sin ninguna actividad comercial, y a los que el trabajo más duro no arredra. La Society of Jews estará en grado de preparar una estadística científicamente exacta de nuestra fuerza-trabajo. Las nuevas tareas y perspectivas que esperan a nuestra gente en el nuevo país satisfarán a los actuales artesanos y facilitarán el que muchos de los actuales pequeños comerciantes se hagan artesanos.

Un buhonero que va por los caminos con su pesado fardo a la espalda quizá no se sienta tan feliz como sus perseguidores imaginan. Con la jornada laboral de siete horas todas estas personas se volverán trabajadores. Son gente formal que no goza de aprecio y que sufre hoy quizá más que nadie. Por lo demás, la Society of Jews se ocupará desde el principio en educarles para el trabajo. El deseo de trabajar será estimulado de modo sano. El judío es ahorrativo, ingenioso y dotado de un muy agudizado sentido de la familia. Hombres así se adecúan a cualquier actividad y bastará con que un pequeño comercio se vuelva improductivo para que el buhonero actual renuncie a él. Al respecto y a título de ejemplo, sería de utilidad apostar por los grandes comercios, en los que hay de todo. Esos grandes comercios generales sofocan ya hoy al pequeño comercio en las grandes ciudades. En una nueva cultura llegarían incluso a impedir su surgimiento. Implantarlos tendría la ventaja añadida de hacer el país inmediatamente habitable para las personas de necesidades más refinadas.

HÁBITOS COTIDIANOS

¿Me estaría permitido en escrito tan serio que hablase, aun cuando sólo de pasada, de los hábitos cotidianos y comodidades del hombre medio?

Sí, me parece. Es cosa de gran importancia, además. Esos hábitos cotidianos, en efecto, son como mil hebras delgadas y frágiles en sí mismas pero que, en su conjunto, forman una cuerda no deshilachable.

También aquí es menester desembarazarse de representaciones parciales. Quien ha visto algo del mundo sabe que, hoy día, hasta los menores hábitos cotidianos son transferibles a cualquier lugar. Sí, las conquistas técnicas de nuestra época, que este proyecto quiere utilizar en bien de la humanidad, han sido aplicadas hasta ahora principalmente a los hábitos cotidianos. Hay hoteles ingleses en Egipto y sobre las cumbres suizas, cafés vieneses en Suráfrica, teatros franceses en Rusia, óperas alemanas en América y la mejor cerveza bávara en París.

Si de nuevo nos tocara emigrar a la Mizrahim[10], no olvidaríamos las ollas para la carne.

En todo grupo local cada uno se reencontrará con sus hábitos cotidianos, eso sí, mejorados, más bellos y agradables.

---

10   Mizrahim proviene de Mizrah, que es la parle oriental de la sinagoga; pero en las casas de los judíos asquenazíes es una mesa situada en la parte oriental, indicando en tal modo la dirección de la plegaria —la pared es el símbolo de las casas de la diáspora en la Europa del Este—, y sobre la que se sitúan textos de los salmos.

LA *SOCIETY OF JEWS* Y EL ESTADO JUDÍO

NEGOTIORUM GESTIO

Este escrito no es para juristas de profesión, de ahí que sólo pueda referirme a la teoría del Estado de derecho de pasada, al igual que a muchas otras cosas.

Empero, desearía hacer cierto hincapié en mi nueva teoría, mas sin llegar a rebasar los límites de una discusión jurídica.

La concepción de Rousseau, hoy ya pasada de moda, quería situar en la base del Estado un contrato social. Rousseau decía: «Las cláusulas de este contrato están tan determinadas por la naturaleza del acto, que la menor modificación las volvería vanas y de efecto nulo; de suerte que, *aunque quizás nunca hayan sido enunciadas formalmente*[11], son por doquiera las mismas, por doquiera están admitidas tácitamente y reconocidas», etc.

Una confutación lógica e histórica de la teoría de Rousseau no era ni es difícil, por tremenda y fecunda que haya sido la incidencia de la misma. La cuestión de si con anterioridad a su establecimiento haya existido un contrato social con «cláusulas no expresamente declaradas, pero inmutables», carece de todo interés práctico para los modernos Estados constitucionales. En la actualidad, la relación jurídica entre gobierno y ciudadanos ha quedado firmemente fijada.

Pero antes de poner en pie una Constitución, y durante la fase en que se erige un nuevo Estado, tales principios son importantes incluso desde un punto de vista práctico. Que más Estados puedan llegar a sur-

---

11   El subrayado corresponde a Herzl, no a Rousseau (por lo demás, la cita se encuentra en *Du Contrat Social*, 1-2).

gir es algo que está a la orden del día. Colonias que se desprenden de sus metrópolis, vasallos que se emancipan de su soberano, territorios recién explorados sobre los que inmediatamente se fundan Estados. El Estado judío, en cuanto formación nueva y del todo *sui generis,* ha sido sin duda pensado para un territorio aún por determinar. Mas el Estado no es el territorio, sino el conjunto de individuos en él vinculados por medio de la soberanía.

El pueblo es la base personal del Estado; el territorio, la base material. Y de ambas bases la personal es la más importante. Hay por ejemplo una soberanía sin base material, y que es incluso la más respetada de la tierra: la soberanía del Papa.

En la ciencia política domina hoy día la teoría de la necesidad racional. Esta teoría se basta para justificar el surgimiento del Estado y, desde el punto de vista histórico, no puede ser confutada, al contrario de la teoría del contrato. Por lo que hace a la instauración del Estado judío, en el presente escrito me adhiero plenamente a la teoría de la necesidad racional. La cual, sin embargo, pasa por alto el fundamento jurídico del Estado. Y ni la teoría de la fundación divina, ni la del poder superior, ni la patriarcal, la patrimonial o la contractual se acuerdan con la mentalidad moderna. El fundamento jurídico del Estado unas veces es buscado, y en demasía, en los hombres (teorías del poder superior, patriarcal o contractual); otras, más simplemente, por encima de los seres humanos (fundación divina), o bien por debajo de ellos (teoría patrimonial). La necesidad racional, por comodidad o prudencia, ni siquiera aborda el tema. Un tema del que tan profundamente se han ocupado los mayores filósofos del derecho de todos los tiempos no puede, ciertamente, ser ocioso. En realidad, en el Estado se da una mezcla de humano y sobrehumano. Respecto de la relación ocasionalmente opresiva en la que se hallan gobernados y gobernantes, apelar al fundamento jurídico resulta inevitable. Me parece que se le pueda encontrar en la *negotiorum gestio,* en la cual la totalidad de los ciudadanos ha de pensarse como *dominus negotiorum,* y el gobierno como *gestor.*

El maravilloso sentido del Derecho de los romanos ha creado esa augusta obra maestra que es la *negotiorum gestio.* Si peligra la propiedad de un discapacitado, cada cual puede ocuparse de ella y salvarla. Eso es el *gestor,* el guía de los asuntos ajenos. No tiene ningún cometido, vale decir, nadie le ha dado ningún cometido. Su cometido le ha sido impartido por una necesidad superior. Esa necesidad superior, en relación con el Estado, puede formularse en varias maneras, y se formulará de manera diversa, a tenor de los niveles individuales de cultura en correspondencia con la capacidad intelectiva general del momento.

La *gestio* apunta al bien del *dominus,* del pueblo, al que el propio *gestor* pertenece.

El *gestor* administra un bien del que él es copropietario. De tal copropiedad deriva el conocimiento del estado de emergencia que exige la intervención, el mando en la guerra y en la paz; mas, en ningún caso, por el hecho de ser copropietario se confiere a sí mismo ningún cometido válido. Como mucho, le cabe sólo presuponer la aprobación de los innumerables copropietarios.

El Estado surge de la lucha por la existencia de un pueblo. En tal lucha no es posible recibir desde el principio cometido sistemático alguno en un modo circunstanciado. Sí, cualquier empresa en favor de la colectividad fracasaría de antemano si antes se quisiera obtener una decisión regular de la mayoría. La división interna en facciones dejaría al pueblo indefenso frente al estado de emergencia externo. No todas las cabezas son para el mismo sombrero, como se suele decir. De ahí que el *gestor* simplemente se cale el sombrero y marche.

El *gestor* del Estado está suficientemente legitimado cuando la cosa pública está en peligro y el *dominus* se ve imposibilitado, ya sea por impotencia de la voluntad o por otra razón cualquiera, a cuidar de sí mismo.

Ahora bien, en su intervención el *gestor* está tan obligado ante el *dominus* como si mediare contrato, *quasi ex contractu.* Tal es la relación jurídica que preexiste —o mejor, se configura— en el Estado.

El *gestor* ha de dar cuenta luego de cada negligencia, o bien por haber dejado culpablemente sin llevar a cabo asuntos de su incumbencia, o por no atender otros estrechamente vinculados con ellos, etc. No quisiera aquí entrar más en detalle en la *negotiorum gestio* en relación con el Estado, pues nos llevaría demasiado lejos de nuestra problemática. Sólo una cosa más, sin embargo: «Merced a la autorización, la administración sustituye al administrador tan eficazmente como si actuara de acuerdo con un cometido originariamente dictado».

¿Y qué significa todo eso en nuestro caso?

En la actualidad, la diáspora impide al pueblo judío dirigir por sí mismo sus asuntos políticos. Al respecto, la situación es más o menos apurada en diversos puntos. Ante todo, necesita de un *gestor.*

Ahora bien, ese *gestor* no tiene por qué ser un solo individuo. Individuo semejante sería ridículo o —habida cuenta de que parecería actuar únicamente en función de su solo interés— despreciable.

El *gestor* de los judíos debe ser, en el pleno sentido del término, una persona moral.

Y esa es la Society of Jews.

EL GESTOR DE LOS JUDÍOS

Este organismo del movimiento popular, cuya estructura y tareas estamos por explicar, se formará con antelación a los demás. Hacerlo es de lo más sencillo. Tal persona moral se formará a partir del círculo de judíos honrados a los que en Londres participé mi proyecto. La Society of Jews es el centro del incipiente movimiento judío.

La Society desempeñará tareas científicas y políticas. La fundación del Estado judío, según la he concebido, parte de modernas y científicas premisas. Si hubiéramos de emigrar hoy a la Mizrahim, no lo haríamos en modo tan ingenuo como en los tiempos antiguos. Por anticipado, y de otra manera, nos daríamos cuenta de nuestro número y nuestra fuerza. La Society of Jews es el nuevo Moisés de los judíos. La empresa del antiguo gran *gestor* de los judíos de la época primordial es a la nuestra lo que una antigua y maravillosa opereta es a una ópera moderna. Nosotros tocamos esa misma melodía con muchísimos más violines, flautas, harpas, violonchelos y contrabajos, luz eléctrica, adornos, coros, decorados magníficos y con los mejores cantantes.

La presente obra debe abrir el debate sobre la cuestión judía. Amigos y enemigos tomarán parte en él: no como hasta aquí, espero, con defensas sentimentalistas e insultos salvajes. El debate debe ser conducido en modo objetivo, amplio, serio y político.

La Society of Jews reunirá todas las manifestaciones de estadistas, parlamentarios, comunidades judías, asociaciones, hechas públicas de palabra o por escrito en asambleas, diarios y libros.

La Society conocerá y establecerá así, por vez primera, si los judíos pueden y quieren emigrar ya a la tierra prometida. La Society recibirá de las comunidades judías de todo el mundo asistencia para llevar a cabo una estadística completa sobre los judíos.

Las tareas ulteriores, la investigación en profundidad del nuevo país y de sus recursos naturales, el proyecto unitario para la emigración y establecimiento, los trabajos previos de legislación y administración, etc., se desarrollarán racionalmente siguiendo el fin propuesto.

Respecto del exterior, la Society habrá de intentar, según declaré al inicio, en la parte general, ser reconocida como poder constitutivo del Estado. Del libre consentimiento de numerosos judíos podrá recabar la necesaria autoridad frente a los gobiernos.

Respecto del interior, es decir, frente al pueblo judío, la Society creará las instituciones indispensables para los primeros tiempos; la célula original, por decirlo con un término de las ciencias naturales, a partir de la cual se deberán desarrollar más tarde las demás instituciones públicas del Estado judío.

El objetivo primero es, como ya se ha dicho, la soberanía asegurada por el derecho internacional sobre una franja de tierra que sea suficiente para satisfacer las justas necesidades de nuestro pueblo.

¿Y para después qué?

LA TOMA DE POSESIÓN DEL PAÍS

Cuando los pueblos emigraban antiguamente, se dejaban llevar, atraer, repeler por el azar. En su marcha sin predeterminar, similar a la de una nube de langostas, abocaban a algún lugar. Antiguamente no se conocía la Tierra. La nueva migración judía acaecerá según principios científicos.

Apenas cuarenta años atrás, la búsqueda de oro aún se llevaba a cabo en modo asombrosamente simple. ¡Cuánta aventura transcurrida en California! Ante el mínimo rumor, aventureros de todo el mundo afluían hacia allí, saqueaban la tierra, luego se robaban el oro unos a otros, para a continuación perderlo jugando en modo igual de piratesco.

Mas hoy… Véase cómo se extrae actualmente el oro en el Transvaal. Ningún vagabundo romántico: sólo sobrios geólogos e ingenieros al frente de la industria aurífera. Ingeniosas máquinas disuelven el oro de rocas ya determinadas. Poco se deja al azar.

El nuevo país de los judíos ha de ser explorado con todos los medios modernos y poseído luego de manera análoga.

En cuanto se nos garantice un país, la nave que ha de tomar posesión partirá hacia él.

En la nave estarán los representantes de la Society, de la Company y de los grupos locales.

Tres tareas acometerán tales colonizadores: 1. Investigar con exactitud científica todas las circunstancias naturales del país; 2. Crear una administración fuertemente centralizada; 3. Repartir la tierra. Las tres tareas se interpenetran y se desarrollarán en correspondencia con el ya suficientemente conocido objetivo final.

Falta sólo una cosa por aclarar, a saber: cómo deba tener lugar la posesión de la tierra en relación con los grupos locales.

En América, al descubrir un nuevo territorio, todavía se ocupa de un modo en verdad primitivo. Los colonizadores se reúnen en el confín y, a una hora convenida, todos echan a correr simultánea y violentamente sobre él.

No será eso lo que se haga en el nuevo país de los judíos. En provincias y ciudades los espacios serán subastados. No por dinero, sin embargo, sino por servicios. Según el proyecto general se establecerá qué carreteras, puentes, regulaciones de las aguas, etc., se requieren para la circulación. Así será para cada provincia. Dentro de las provincias, de manera análoga, los espacios de la ciudad serán subastados. Los grupos locales asumirán la obligación de proceder ordenadamente. Sufragarán los gastos pagando cada uno lo suyo. La Society estará en condición de prever si algún grupo local ha de afrontar sacrificios excesivos. Los grandes entes públicos recibirán los espacios correspondientes para su actividad. Los mayores sacrificios tendrán su recompensa en determinadas ayudas a: universidades, escuelas técnicas, escuelas superiores, laboratorios de investigación, etc., y aquellos institutos estatales que no tengan por qué estar en la capital serán distribuidos por el país.

En aras de una correcta utilización de lo que se recibe, el propio interés del adquirente servirá de garantía y, en caso de necesidad, se añadirán contribuciones locales. En efecto, dado que ni es posible ni queremos eliminar la diferencia entre individuos singulares, tampoco eliminaremos la existente entre los grupos locales. Todo se dispondrá en modo natural. Todos los derechos adquiridos serán tutelados, cada nuevo desarrollo recibirá espacio suficiente. Nuestra gente tendrá completamente claro todo eso.

Del mismo modo que no sorprendemos o engañamos a los demás, tampoco nos ilusionamos a nosotros mismos.

Desde un principio todo quedará metódicamente determinado. En la elaboración de este proyecto, al que tan sólo quiero aludir, participarán nuestras cabezas más preclaras. La práctica totalidad de las conquistas de la técnica y de las ciencias sociales, de nuestra época como de la futura, en la que quede ultimado el complejo desarrollo del proyecto, será aplicable a tal fin. La totalidad de los inventos útiles, los existentes y los venideros, serán utilizados. Se producirá así el adviento de una forma de colonización y de fundación de un Estado sin precedentes en la historia y con unas posibilidades de éxito desconocidas hasta ahora.

CONSTITUCIÓN

Una de las principales comisiones elegidas por la Society será el Consejo Nacional de Juristas. Este tendría que redactar una Constitución en todo lo posible buena y moderna. Yo creo que una buena Constitución debe ser de una elasticidad adecuada. En otra obra mía he explicado qué formas de Estado me parecen las mejores. Considero la monarquía democrática y la república aristocrática las formas de Estado más perfectas. Forma de Estado y principio de gobierno han de contraponerse de manera equilibrada. Soy un amigo convencido de las instituciones monárquicas, porque dan estabilidad a la política y representan el interés, conectado con la conservación del Estado, de una familia célebre históricamente, nacida y educada para mandar. Nuestra historia, empero, ha sido por tan largo tiempo interrumpida que ya no nos es posible conectarla a dicha institución. Su solo intento caería en el anatema del ridículo.

La democracia, sin el útil contrapeso de un monarca, se halla ligada en exceso a la aprobación y a la reprobación, y conlleva el guirigay parlamentario y la odiosa figura del político profesional. Por otra parte, los pueblos actuales no son apropiados para una democracia sin límites, y creo que en el futuro aún lo serán menos. La democracia pura presupone, en efecto, costumbres muy sencillas, en tanto el comercio y la cultura vuelven las nuestras cada día más complejas. «Le resort d'une démocratie est la vertu», dice el sabio Montesquieu: ¿y dónde se halla esa virtud, la que llamo política? No creo en nuestra virtud política, porque no somos diversos de los demás hombres modernos, y porque si tuviéramos total libertad lo primero que haríamos es sacar la cresta. El referéndum me parece insuficiente, pues en política no hay cuestiones sencillas a las que quepa responder con un sí o con un no. Por lo demás, las masas están aún más fuertemente sometidas que los parlamentarios a toda superstición, son más proclives hacia quien más alto grite. Ante un pueblo reunido no es posible hacer política, ni interna ni externa.

La política debe hacerse desde arriba. No obstante, nadie en el Estado judío será por ello siervo, pues todo judío puede ascender, todo judío querrá ascender. Ha de darse un fuerte impulso hacia arriba en nuestro pueblo. Cada individuo creerá elevarse sólo a sí mismo, mas con ello elevará a la totalidad. Hay que procurar que la progresión se produzca en forma moral, útil al Estado y al servicio de la idea de pueblo.

Todo ello me hace pensar en una república aristocrática. Lo cual también se corresponde con el sentido de la ambición de nuestro pueblo, actualmente degenerada en necia vanidad. Me viene a la mente alguna institución veneciana, pero es menester evitar cuanto ha llevado a Venecia al hundimiento. Aprenderemos de los errores históricos de los demás, como de los nuestros. Somos, en efecto, un pueblo moderno, y que desea ser el más moderno. Nuestro pueblo, al que la Society fía la nueva tierra, también aceptará con gratitud la Constitución que le dará la Society. Pero donde se produzcan formas de oposición, la Society las cortará por lo sano. No dejará que individuos necios o malvados entorpezcan su obra.

LENGUA

Quizá alguien piense que constituirá un problema el carecer de una lengua común. Ciertamente no podremos hablar en hebreo unos con otros. ¿Cuántos de nosotros sabe suficiente hebreo como para pedir un billete de tren en ese idioma? No lo hay. La cosa, no obstante, es bastante sencilla. Cada uno mantendrá su lengua, que es la amada patria de sus pensamientos. Suiza constituye un ejemplo terminante acerca de la posibilidad de un federalismo lingüístico. En la otra parte seguiremos siendo lo que somos ahora, al igual que nunca dejaremos de amar con melancolía los países de los que se nos expulsó.

Perderemos la costumbre de usar las lenguas del gueto, esas jergas atrofiadas y envejecidas de las que actualmente nos servimos. Eran lenguas de prisioneros, que las habían robado. Los enseñantes de nuestro pueblo pondrán máxima atención a tal asunto. La lengua que se revele más útil para la vida cotidiana se impondrá de suyo como lengua principal. Nuestra comunidad es, desde luego, singular, única: la fe de nuestros padres es nuestra única señal de pertenencia a un mismo pueblo.

TEOCRACIA

Al final, pues, ¿tendremos teocracia? ¡No! La fe nos mantiene unidos, la ciencia nos hace libres. No dejaremos por tanto que emerja la veleidad teocrática de nuestros religiosos. Sabremos mantenerlos en el interior de sus templos, como sabremos mantener a nuestro ejército profesional en el interior de los cuarteles. Ejército y clero deberán ser honrados tanto como sus altas funciones exigen y merecen. En el Estado, del que reciben honores, no meterán baza alguna, pues darían lugar a dificultades, tanto internas como externas.

Cada cual es tan libre e ilimitado en su confesión religiosa o en su falta de fe, como en su nacionalidad. Y si ocurre que entre nosotros vive gente de religión y nacionalidad diversas, les garantizaremos una tutela honorable y la igualdad de derechos. En Europa hemos aprendido la tolerancia. No lo digo de broma. El antisemitismo actual puede equipararse a la antigua intolerancia religiosa únicamente en ciertos lugares. Para los pueblos civilizados, en su mayoría, se trata de un movimiento con el que desearían ahuyentar a los fantasmas de su propio pasado.

LEYES

Cuando la realización de la idea nacional esté ya próxima, la Society of Jews hará que un colegio de juristas lleve a cabo ciertos preliminares legislativos. Para la fase de transición se adoptará como principio que cada uno de los judíos emigrados de los diversos países pueda ser juzgado de acuerdo con las leyes vigentes en ellos. Pero pronto se instará a la unidad jurídica. Tendrán que ser leyes modernas, extrapolándose las que mejor sean aplicables de aquellos. Quizá se constituya en legislación modélica, penetrada de todas las exigencias sociales legítimas de nuestra época.

EL EJÉRCITO

El Estado judío está pensado que sea neutral. Tendrá sólo necesidad de un ejército profesional —dotado, por cierto, con el más moderno armamento— para preservar el orden, tanto externo como interno.

LA BANDERA

No tenemos bandera. Necesitamos una. Cuando se quiere estar al frente de muchos hombres, se ha de enarbolar un símbolo sobre sus cabezas.

Estoy pensando en una bandera blanca con siete estrellas doradas. El fondo blanco significa la vida nueva y pura; las estrellas son las siete horas doradas de nuestra jornada de trabajo. Pues es en el signo del trabajo como los judíos se encaminan hacia su nueva tierra.

RECIPROCIDAD Y TRATADOS DE EXTRADICIÓN

El nuevo Estado judío ha de fundarse sobre base firme. Pensamos ya en nuestro futuro honor en el mundo.

Por eso habremos de dar honesto cumplimiento a todas las obligaciones contraídas en los actuales países de residencia. Un billete barato y facilidades para el establecimiento, la Society of Jews y la Company los garantizarán únicamente a quienes aporten un certificado de las autoridades actuales en los siguientes términos: «todo en orden para la partida».

Todas las reclamaciones de derecho privado que aún se produzcan en los países de origen serán más fácilmente querellables en el Estado judío que en ningún otro lugar. No esperaremos reciprocidad, sin embargo. Hacemos eso sólo en aras de nuestro propio honor. Vendrán tiempos en que también nuestras reclamaciones hallen tribunales mejor predispuestos de lo que actualmente es el caso.

Va de suyo, a tenor de lo dicho, que también extraditaremos a los delincuentes judíos más fácilmente que cualquier otro Estado, hasta el momento en que ejercitemos la soberanía en materia penal de acuerdo con los mismos principios que los restantes pueblos civilizados. Cabe pensar, pues, en un periodo de transición durante el cual acogeremos a nuestros delincuentes sólo una vez cumplida su condena. Pero si ya la han cumplido, los acogeremos sin restricciones: también para los delincuentes debe comenzar entre nosotros una nueva vida.

De este modo, la emigración podrá convertirse para muchos judíos en el final feliz de una crisis que ha durado largo tiempo. Las difíciles condiciones exteriores, que tantos caracteres han ido deteriorando, desaparecerán y los perdedores podrán ser salvados.

Quisiera contar brevemente al respecto la historia con que me topé en un informe sobre las minas auríferas de Witwatersrand. Un día un hombre llegó al lugar, se estableció, se prodigó en varios intentos, no sólo como buscador de oro, y terminó por fundar una fábrica de helados, que prosperó; pronto se ganó, gracias a su honestidad, el respeto de todos. Después de algunos años un día fue repentinamente arrestado: en Fráncfort, siendo banquero, había cometido varias estafas; luego había huido y llegado al lugar, donde había empezado una nueva vida, con falso nombre. Pero cuando se lo llevaban preso, algunos de los lugareños de mayor renombre se llegaron hasta la estación para despedirse calurosamente de él y decirle «hasta la vista». Más tarde, en efecto, retornaría.

¡Qué no dice esta historia! Una vida nueva puede mejorar incluso al malhechor. Y entre nosotros hay, comparativamente, muy pocos malhechores. Léase sobre ello la interesante estadística del Dr. P Nathan, de Berlín, *La criminalidad de los judíos en Alemania,* redactada por encargo del comité de defensa de los ataques antisemitas, y sobre la base de documentación oficial. Sólo que ese escrito, saturado de cifras, como otras muchas *defensas,* tiene su punto de partida en el error de que contra el antisemitismo baste la refutación racional. Se nos odia, cabe pensar, tantos por nuestros méritos como por nuestros errores.

VENTAJAS DE LA EMIGRACIÓN JUDÍA

Tengo para mí que los gobiernos se predispondrán con cierta atención hacia este proyecto, voluntariamente o bajo presión de sus antisemitas, y que quizá se le acoja aquí o allá con simpatía desde el inicio, la cual se extenderá también a la Society of Jews.

En efecto, las emigraciones judías, según las concibo, no podrán dar lugar a crisis económica alguna. Tales crisis, que habrían de sobrevenir por doquier a consecuencia de la caza al judío, más bien se verían impedidas con la realización del presente proyecto. Un largo periodo de bienestar tendría inicio en los actuales países antisemitas. Como a menudo he dicho, tendrá lugar una emigración interna de los ciudadanos cristianos hacia los puestos abandonados lenta y metódicamente por los judíos. Si no sólo se nos permite hacer, sino que se nos echa además una mano, el movimiento fructificaría entonces por doquier. Es una idea estúpida, de la que hace falta liberarse, la de que a la salida de los judíos habría de seguir un empobrecimiento de tales países. Una cosa es la salida a causa de las persecuciones, en la que ciertamente, al igual que en los extravíos de una guerra, algunos bienes resultan destruidos. Y otra cosa es la salida pacífica, voluntaria de los colonos, en la que todo puede llevarse a cabo con la protección de los derechos adquiridos, en plena legalidad, libre y abiertamente, a la luz del día, ante los ojos de la autoridad, bajo control de la opinión pública. La emigración de proletarios cristianos hacia otras partes del mundo se detendría merced al movimiento judío.

Los Estados tendrían la ventaja añadida de ver cómo aumentan ampliamente sus exportaciones, habida cuenta de que los judíos emigrados aún dependerían por mucho tiempo de los productos europeos, que habrían de comprar necesariamente. Gracias a los grupos locales se crearía un justo equilibrio, mas para proveer a las necesidades habituales se habría de recurrir aún por largo tiempo a los lugares de siempre.

Uno de los mayores beneficios sería ciertamente el de la distensión social. El descontento social podría ser aplacado por un periodo de quizá veinte o más años, un periodo, en cualquier caso, suficiente para que los judíos completaran su emigración.

La modalidad de la cuestión social sólo depende del desarrollo de los medios técnicos. El vapor ha reunido a los hombres en torno a las máquinas en las fábricas, donde unos presionan a otros y todos son desdichados a causa de los demás. La producción es enorme, desordenada, fortuita, conduce sin pausa a crisis cada vez más graves, que con el de las empresas provoca también el hundimiento de los trabajadores. El vapor ha estrujado a los hombres entre sí, el uso de la electricidad, cabe pensar, les separará de nuevo y quizá mejore las condiciones de trabajo. De todas formas, los inventores en el campo de la técnica, los auténticos benefactores de la humanidad, seguirán trabajando también después de iniciarse la emigración judía y es de esperar que sigan hallando cosas tan maravillosas como hasta ahora, o mejor, más maravillosas todavía. La palabra *imposible* parece haber desaparecido ya del lenguaje de la técnica. Si un hombre de los siglos precedentes retornara con nosotros, encontraría nuestra entera vida llena de incomprensibles prestidigitaciones. Nosotros, modernos, allá donde hagamos acto de presencia, transformaremos con nuestros medios técnicos un desierto en un jardín. Para fundar ciudades nos basta hoy el mismo número de años que el de siglos antaño, innumerables ejemplos los hay en América. La distancia ha dejado de ser obstáculo. El tesoro del espíritu moderno contiene ya riquezas inestimables; cada día las aumenta, cien mil cabezas meditan, investigan en cualquier punto del planeta y lo que alguien consigue descubrir, al instante pertenece a todo el mundo.

También nosotros queremos, en tierra judía, utilizar los nuevos inventos, servir de modelo, y al igual que con la jornada laboral de siete horas haremos un experimento en pro de la entera humanidad, deseamos también precederla en todo cuanto aumente la amistad entre los hombres, y representarnos, en cuanto país nuevo, como tierra de experimentación, como país modelo.

Luego de la partida de los judíos, las empresas que crearon permanecerán donde estaban. Y, donde se le necesite, el espíritu de iniciativa judío, nunca faltará. El capital móvil judío también realizará más tarde sus inversiones allí donde sus posesores están perfectamente al tanto de la situación. Y si bien en la actualidad el capital financiero judío, obligado por las persecuciones, rebusca fuera del país en cuestión las empresas más remotas, una vez producida esta pacífica solución emprenderá su retorno, contribuyendo al ulterior desarrollo de los hasta ahora lugares de residencia de los judíos.

CONCLUSIÓN

Cuánto ha quedado aún por decir, cuántos defectos, cuántas vaguedades nocivas y repeticiones ociosas todavía presentes en este escrito, que tanto he meditado y a menudo reelaborado.

El lector honesto, que es también lo bastante juicioso como para comprender la significación íntima de las palabras, no se dejará desviar por los defectos. Más bien se sentirá estimulado a participar, con su inteligencia y su fuerza, para mejorarla, en una obra que no pertenece a ningún individuo en concreto.

¿No me he detenido demasiado en cosas obvias y pasado por alto cuestiones importantes?

He tratado de confutar algunas objeciones; pero sé que hay más, muchas: las hay significativas e insignificantes.

Una de aquellas es que la situación de necesidad propia de los judíos no es la única en el mundo. Opino, sin embargo, que así y todo deberíamos empezar a eliminar un poco de miseria, aun si por el momento fuera sólo la nuestra.

Podría además decirse que no deberíamos crear nuevas diferencias entre los hombres, establecer nuevas fronteras; a lo sumo, hacer que desaparezcan las antiguas. Me parece que quienes así opinan son unos simpáticos idealistas; pero el polvo de sus huesos se habrá ya borrado sin dejar huella mientras la idea de patria estará aún en el candelero. La fraternidad universal no es ni siquiera un hermoso sueño: el enemigo es necesario para los supremos empeños de la personalidad.

¿Pero cómo? Los judíos ya no tendrían enemigo alguno en su Estado y cuando les llega la hora del bienestar se vuelven débiles y se atrofian; ¿sería ese el verdadero hundimiento del pueblo judío, pues? Creo que los judíos tendrán siempre bastantes enemigos, como cualquier otra nación. Mas si se asientan sobre suelo propio, nunca más se esparcirían por el mundo. La diáspora no podría repetirse hasta tanto no se derrumbara la entera civilización. Cosa esa que sólo un simple temería. La civilización actual dispone de armas suficientes para defenderse.

Las objeciones de poca monta son innumerables, de manera análoga a como hay más personas necias que preclaras. Ya intenté combatir ciertas ideas banales. Quien quiera situarse tras la bandera blanca de las siete estrellas tendrá que contribuir en esta campaña de información. La batalla quizá haya de ser entablada primero contra, precisamente, algunos judíos malvados, mezquinos y limitados.

¿No se dirá que estoy dando armas a los antisemitas? ¿Por qué? ¿Porque admito la verdad? ¿Porque no afirmo que la mayoría de nuestra gente sea sobresaliente?

¿No se dirá que estoy indicando un camino sobre el que podría hacérsenos daño? Lo niego categóricamente. Lo que propongo sólo podría llevarse a cabo con el libre consenso de la mayoría de los judíos. Puede hacerse en contra de individuos, en contra incluso de los grupos actualmente más poderosos de los judíos: pero nunca jamás desde el Estado contra la totalidad de los judíos. Una vez reconocida, la paridad legal de los judíos ya no puede ser abolida; ya el mero intento al respecto induciría a todos los judíos, pobres y ricos, a arrojarse de inmediato en brazos de los partidos subversivos. En cuanto comienzan las injusticias oficiales contra los judíos se producen acto seguido crisis económicas por doquier. O sea, que no se puede actuar realmente con eficacia contra nosotros sin hacerse daño a sí mismos. Por ello, el odio crece y crece. Los ricos apenas si lo sienten. ¡Pero nuestros pobres! Pregúntese a nuestros pobres por qué, con el recrudecimiento del antisemitismo, se han visto más terriblemente proletarizados que nunca.

Algunos acomodados opinan que la opresión aún no es lo bastante fuerte como para emigrar y, hasta en el caso de expulsión de los judíos por la fuerza, se preguntan si acaso nuestra gente parte a disgusto. ¡Sí, porque no sabe adónde! Porque van de una condición de miseria a otra. Nosotros, empero, les mostramos el camino hacia la tierra prometida. Y al poder terrible de la costumbre habrá de plantar cara el poder magnífico del entusiasmo.

¿No son ya las persecuciones tan malvadas como en la Edad Media? De acuerdo, pero nuestra sensibilidad se ha acrecentado, por lo que ni sentimos el apaciguamiento del dolor. La larga persecución nos ha sobreexcitado los nervios.

Y se dirá, asimismo: es una empresa sin esperanza, incluso si nos hacemos con la tierra y con la soberanía, ¿por qué sólo los pobres vendrán con nosotros? ¡Pero es a ellos a quienes necesitamos al principio! Sólo los desesperados son idóneos para la conquista.

Alguien dirá: sí, de ser posible, ¿no se habría hecho ya?

Antes no era posible. Ahora es posible. Sólo cien años atrás, o cincuenta, habría sido mera ilusión. Hoy, todo ello es realista. Los ricos, que de tan buen ojo contemplan todas las conquistas de la técnica, saben muy bien todo lo que puede hacerse con dinero. Y así irá: los pobres y los simples, justo los que ni sospechan de qué poder dispone ya el hombre sobre las fuerzas de la naturaleza, serán quienes más fe tengan en el nuevo mensaje. Y es que nunca han perdido la esperanza en la tierra prometida.

¡Aquella existe, judíos! ¡No es ninguna fábula, ninguna impostura! Cada uno puede convencerse de ello, pues cada uno lleva consigo un trozo de tierra prometida: uno en su cabeza, otro en sus brazos, y el tercero en la propiedad adquirida.

No obstante, podría parecer una empresa demasiado larga. Incluso en el mejor de los casos, el inicio de la fundación del Estado aún se hará esperar muchos años. Mientras tanto, los judíos serán tomados a chacota, mortificados, insultados, desvalijados, apaleados y asesinados por todas partes. No, pues en cuanto empecemos a ejecutar el proyecto, el antisemitismo cesará de inmediato y por doquier. Porque es la firma de la paz. Cuando se cree la Jewish Company, el relámpago de nuestro telégrafo difundirá la noticia en un solo día hasta en los últimos rincones de la tierra.

E instantáneamente comenzará también el alivio. De las capas medias afluirá una cantidad enorme de inteligencias medias, que confluirá en nuestras primeras organizaciones, formará nuestros primeros técnicos, oficiales, profesores, funcionarios, juristas, médicos. Y así proseguirá la cosa, con celeridad, mas sin trastornos.

Se orará en los templos por el éxito de la empresa. ¡Pero también en las iglesias! Es el punto final de una antigua opresión, con la cual todos padecieron.

Lo primero, sin embargo, es hacer que se iluminen las mentes. La idea ha de llegar hasta el último y más lastimoso nido habitado por nuestra gente, donde despertará a su apática nidada. Toda nuestra vida, en efecto, recibirá nuevo contenido. Cese cada cual de pensar sólo en sí mismo y la marcha cobrará más fuerza.

¡Y qué gloria espera al desinteresado combatiente por la causa!

De ahí mi creencia en que una generación de judíos maravillosos brotará de la tierra. Los Macabeos resurgirán.

Mas repitamos una vez más lo dicho al principio: los judíos, los que lo quieran, tendrán su Estado.

Debemos vivir finalmente como hombres libres sobre nuestro propio terruño y morir en paz en nuestra propia patria.

El mundo se liberará con nuestra libertad, se enriquecerá con nuestra riqueza y se engrandecerá con nuestra grandeza.

Y cuanto intentemos allí por nuestra particular prosperidad, producirá imponentes y dadivosos efectos sobre el bienestar de todos los hombres.